中国超级工程

STEAM 经典案例

张建新 著

电子工业出版社
Publishing House of Electronics Industry
北京·BEIJING

未经许可，不得以任何方式复制或抄袭本书之部分或全部内容。
版权所有，侵权必究。

图书在版编目（CIP）数据

中国超级工程：STEAM 经典案例 / 张建新著. -- 北京：电子工业出版社，2022.1
ISBN 978-7-121-42238-6

Ⅰ. ①中… Ⅱ. ①张… Ⅲ. ①活动课程 – 教案（教育）– 中小学 Ⅳ. ① G632.3

中国版本图书馆 CIP 数据核字 (2021) 第 213842 号

责任编辑：刘香玉　　特约编辑：田学清
印　　刷：北京天宇星印刷厂
装　　订：北京天宇星印刷厂
出版发行：电子工业出版社
　　　　　北京市海淀区万寿路 173 信箱　邮编：100036
开　　本：787×1092　1/16　印张：15　字数：240 千字
版　　次：2022 年 1 月第 1 版
印　　次：2022 年 1 月第 1 次印刷
定　　价：58.00 元

凡所购买电子工业出版社图书有缺损问题，请向购买书店调换。若书店售缺，请与本社发行部联系，联系及邮购电话：（010）88254888 或 88258888。
质量投诉请发邮件至 zlts@phei.com.cn，盗版侵权举报请发邮件至 dbqq@phei.com.cn。
本书咨询联系方式：（010）88254161~88254167 转 1815。

出版说明

随着 STEAM 教育的逐渐兴起，国内一些学校开始逐步实施 STEAM 课程的开发与教学。然而，停留于简单的实验、手工制作，或是对外国 STEAM 课程的设计和实践案例进行简单的复制，难以使学生获得真实情境学习的沉浸性、积极性和建构性优势，更难以激发学生攻坚克难、锲而不舍的科学探究精神和爱国情怀。

鉴于此，《中国超级工程——STEAM 经典案例》（以下简称《案例》）立足于我国改革开放以来一个个奇迹般的超级工程，进行 STEAM 课程开发，融入了中国人民的智慧、梦想，充满了浓厚的人文情怀和强烈的文化自信。

设计思路：

1. 力求课程本土化。《案例》项目源于中国中央电视台和中国电影股份有限公司联合出品的大型纪录电影《厉害了，我的国》，将中国桥、中国路、中国车等贴近生活实际的超级工程和大国重器，转化为以工程设计为主导，在真实情境中解决问题的 STEAM 课程。

2. 采用"大单元设计"。为避免知识碎片化、项目孤立化，参照初中科学课程标准及学科核心素养要求，采用大单元设计，努力实现"情境——项目——知行合一"，以强化思维的逻辑性和系统性。

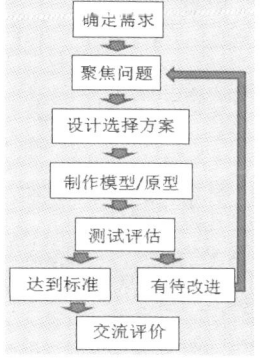

3. 突破"师资短缺"瓶颈。学生可通过小组协作的方式，借助"学习轨迹"（见右图），依托参考资料（应知——STEAM 项目学习步骤要领和解释；应会——工程设计思维模式与方法；应掌握——工程项目专业知识、技能和现实成果）、图例、评价量表等，自主完成 STEAM 项目。

4. 践行"做中学"理念。"做中学"理念强调在实践中学习建构自己的科学认知模型。正如，在模拟的悬崖峭壁的峡谷间，建造主跨 9m、索塔高 1.18m 的悬索高桥项目，需要设计搭建由一次性木筷组成的多节段桁架、浇筑薄壁型索塔、测算主缆和吊杆直径大小及锚锭预应力，完成拉索吊装。在潜移默化中使学生对力学、几何学等学科知识有了全方位、深层次的理解，对"结构与稳定性"跨学科概念有了全新的认知。

5. 杜绝"步进式"设计。STEAM 教育基于现行教育与未来社会发展相匹配的需求，以培养解决未来世界性问题的能力为目的。在项目设计中，未按部就班详述，只做提示或点拨，引导学生进行独立思考，输出个性化产品。避免"步进式"学习方式损害学生积极主动的主观思维能力。

6. 重视真实性评价。《案例》嵌入项目评价量规、自测"三维"活动量规，对学生在"做中学"过程中思维方面的进展和产品输出进行全面、动态的评价，以判断学生对科学知识的理解程度和工程实践能力是否达到要求，帮助学生建构、深化和应用学科核心知识和跨学科概念，促进有意义学习的发生和科学世界观的建立。

7. 强化薄弱环节。我国科学教育重视对知识的记忆和对概念的理解，缺乏工程设计，不利于培养学生严谨的科学思维。《案例》中增加了"科学实践""工程实践""科学解释""科学报告"等环节，致力于培养学生的问题解决能力、自主创新能力、深度学习能力和适应未来的能力，全面提升学生的科学素养。

编者

2021 年 9 月 15 日

写给同学们的话

STEAM 是科学、技术、工程、人文和数学五个领域的集成，是打破学科壁垒、体现跨学科和学科融合的整体，也是基于解决真实世界中问题的极具趣味和挑战的一种学习方式。

《案例》包括 18 个项目，内容涉及环境、地质、土木、简单机械、运动与力、声现象、热现象、光现象、质量与密度、功和内能、压强、电学、测量、计算、控制等学科领域，为学生在不同学科领域间知识的融会贯通、认知的再建构、科学素养的塑造、高阶思维技能的建立提供了可能。

为了实现"全员参与"，满足不同区域初中学生的个性化差异需求，每个项目的实施难度分三个等级。当然，无论如何，"约束条件"是不能随意改动或删除的。例如，若把"跨海大桥"项目改在"陆地"建桥，将失去对水的浮力、光的反射与折射及光在水中的穿透能力等知识的深入理解和实践体验，甚至失去发现问题的机会。

真诚希望同学们能全身心投入到解决真实问题的"做中学"实践中，以足够的热情和智慧再现"鹰击长空，鱼翔浅底，万类霜天竞自由"之鲜活景象。

目录

第一单元　嫦娥探月

项目一　漫步月球　　2
——设计可在月球表面行走的机器人

项目二　月球探秘　　14
——为探秘月球行动设计一个挖掘采壤器

项目三　月球基地　　25
——在月球设计并建设基地

第二单元　蛟龙潜海

项目一　深潜测绘　　38
——设计一种能够胜任海底测绘任务的潜水器

项目二　捕获采样　　50
——通过工程设计挑战完成海底采样任务

项目三　发现"宝藏"　　61
——设计一个极具挑战性的海底打捞方案

第三单元　中国桥

项目一　建设人工岛　　76
——仿制"振锤"在"模拟海域"快速筑岛

项目二　挑战海底隧道　　89
——在深不见底的海域铺设沉管隧道

项目三　一桥飞架三地　　102
——能承受大风袭扰的跨海大桥设计任务

第四单元　中国路

项目一　逢山开路　　118
——挑战先进技术 利用盾构机打通公路隧道

项目二　天堑变通途　　130
——用智慧在悬崖绝壁架起世界第一高桥

项目三　助力"一带一路"　　143
——铺铁轨助力陆上"丝绸之路"

第五单元　中国港

项目一 岸桥装卸　　　　　　　　　　　　　　156
　　——设计可以完成抓放标箱任务的岸桥起重机

项目二 智能理货　　　　　　　　　　　　　　168
　　——运用光电传感技术完成对集装箱信息的采集、存储和分类作业

项目三 堆存翻箱　　　　　　　　　　　　　　181
　　——优化码头堆存翻箱技术 有效降低作业成本

第六单元　中国车

项目一 蒸汽机车　　　　　　　　　　　　　　196
　　——设计把蒸汽的热能转化为机械能的火车

项目二 电力机车　　　　　　　　　　　　　　209
　　——设计把电能转化为机械能的绿色动力机车

项目三 空中列车　　　　　　　　　　　　　　220
　　——设计适用于中小城市的悬挂式单轨交通系统

第一单元　嫦娥探月

从嫦娥奔月神话故事，到古代文人墨客以月亮表达情思，再到敦煌莫高窟飞天壁画。炎黄子孙从未停止过对奔月的追求和对探月的向往。我国第一个探月工程——嫦娥工程的正式启动，使华夏儿女的圆梦之旅正式拉开帷幕。嫦娥五号返回器携带月壤样品安全返回，标志着我国探月工程"绕""落""回"三步走规划如期完成，为后续的载人登月和深空探测等任务奠定了坚实基础。

依据我国探月和深空探测计划，本单元设计了"漫步月球""月球探秘""月球基地"三个 STEAM 项目。

在约束条件——地月通信的前提下，学生要模拟月球表面复杂的地貌环境，通过整合科学、技术、工程、人文和数学的学习方式，完成月球车六轮悬挂摇臂机构自主行进、采集月壤的挖掘采壤器、建造模拟的适合人类居住和工作的科研基地三个综合性项目工程的最优解决方案。

项目一 漫步月球

——设计可在月球表面行走的机器人

背景信息

嫦娥四号探测器在飞行了约40万千米后，于2019年1月3日安全降落到月球，拉开了我国探测月球的序幕。截至2020年12月22日，嫦娥四号着陆器和"玉兔二号"月球车已在月面工作719天，月球车累计行驶600.55米。

"玉兔二号"月球车模型如图1-1所示。

建议活动时间

为期6周，每周2课时。

图1-1 "玉兔二号"月球车模型

主要术语：

软着陆、着陆器、探测器、六轮悬挂摇臂

项目进度

第一周	第二周	第三周	第四周	第五周	第六周
项目介绍 研究问题	制订方案 设计论证	制作月球车	制作月球车	制作月球车 测试、优化	展示评价 反思拓展

学习目标

科　学	数　学	技术/工程
了解月球表面地形地貌特征；知道杠杆原理、压强、摩擦力；理解结构与重心稳定的关系	测算地面站到模拟月球表面着陆点的距离、月球车行进平均速度和月球车质量	了解六轮悬挂摇臂机构的工作原理；理解"漫步月球"的约束条件；学习运用六轮悬挂摇臂机构技术，设计制作完成月球车，解决能在地形复杂的月球表面行进的实际问题；增强科学服务于人类的意识

活动准备

◇ 项目学习笔记本、草稿纸、铅笔、比例尺等。

◇ 自选乐高（或卜乐客）套、散件器材及其他材料。

说明事项

◇ 两人小组分工协作。

◇ 月球车所用的遥控接收装置，建议以废物利用的方式解决（遥控技术不作为学习内容）。

约束条件

◇ 模拟场景。按20 000∶1的比例设计直径为930 cm的冯·卡门撞击坑地貌，坑中设有"织女""河鼓""天津"三个环形坑及大小不一的多个陨石坑。

◇ 模拟地月通信。利用四旋翼无人机运送月球车降落在冯·卡门撞击坑内；月球车须按照"地面"遥控指令执行任务。

作业难度分级

项　　目	难度系数☆☆☆☆		难度系数☆☆☆		难度系数☆☆	
漫步月球	实时观察	原型	实时观察	原型	实时观察	原型
	无线图传	六轮驱动	直观	四轮驱动	直观	两轮驱动

项目引入

讨论：谈谈什么样的月球车能在复杂的地形地貌中平稳行进。

挑战：设计制作一辆可通过接收"地面"遥控指令，在模拟月球表面行走的月球车。

*自选项目：学习运用编程和超声波传感技术，实现月球车自主避障功能。

确定需求

月球表面地形复杂多变，布满了大大小小的撞击坑。如果想让月球车在月球表面自如行走，并开展科学考察，则要设计制作出具有良好稳定性能、较强越障和爬坡能力的月球车。

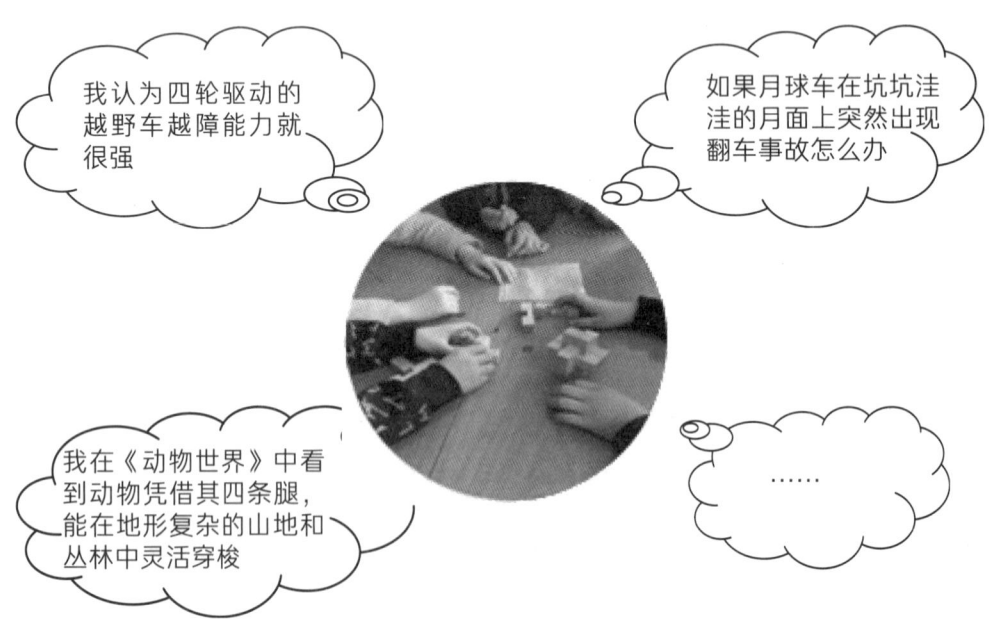

我认为四轮驱动的越野车越障能力就很强

如果月球车在坑坑洼洼的月面上突然出现翻车事故怎么办

我在《动物世界》中看到动物凭借其四条腿，能在地形复杂的山地和丛林中灵活穿梭

……

问题聚焦

1. 落点探测。利用四旋翼无人机巡视模拟的冯·卡门撞击坑区域，了解其地形地貌，有针对性地开展相关科学实验和探究活动，为月球车定点降落提供帮助。

2. 市场调研。通过各种途径收集月球车、火星车及生活中有类似需求车辆的图像资料（见图1-2），了解已有技术和解决方案。

图1-2 月球车、六轮越障车、越野车

3. 科学实践。合作探究四轮遥控越野玩具车的越障能力，了解其平稳行走的科学原理（见表1-1）。

表1-1 科学实践活动设计

活动名称	活动目标	检测方案	知识概念
四轮遥控越野玩具车越野挑战	检测四轮遥控越野玩具车在地形较复杂环境中的越障能力和平稳性	●越障能力。设计检测在两个前轮或两个后轮同时越障、单个车轮越障三种情况下，车轮可以爬过的垂直障碍高度。 ●平稳性。在四轮遥控越野玩具车车架中心位置固定摆放有刻度且盛满水的敞口塑料直杯。测量比对结束后的剩余水量	●从物理学角度看，重心位置和物体的平衡之间有着密切联系，主要体现在两个方面：物体的重心在竖直方向上的投影只有落在物体的支撑面内或支撑点上，物体才可能保持平衡；物体的重心越低，物体的稳定性越强。 ●常态下的水，具有保持水平状态的性质

4. 聚焦剖析。讨论分析科学实践活动中的相关数据，认真研读参考资料，观察月球车越障示意图（见图1-3），剖析六轮悬挂摇臂机构调整重心的技术要领和保障月球车具有良好越障及爬坡能力的工作原理。

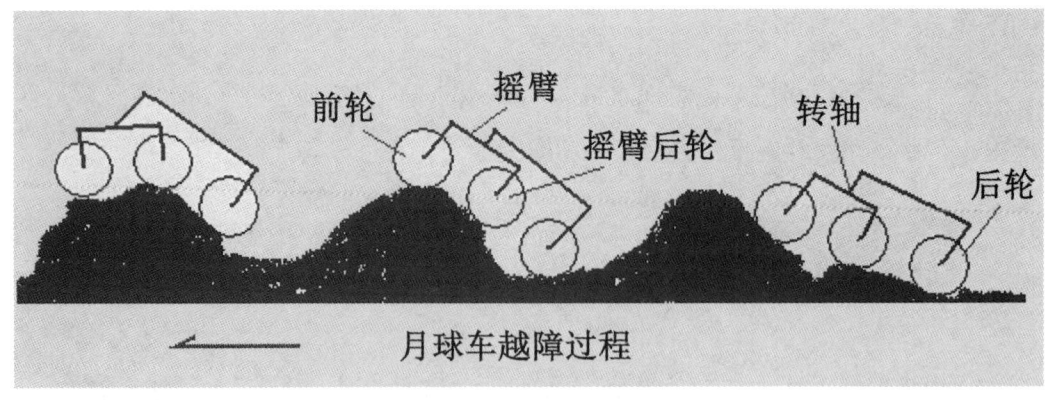

图1-3 月球车越障示意图

参考资料

为适应月球表面特殊的地形地貌,工程师们创造性地采用了一种轮腿结合的机构设计。当遇到凹凸不平的地形时,摇臂结构会自行调整重心,使月球车至少有四个轮子着地,以保障强劲的驱动力。

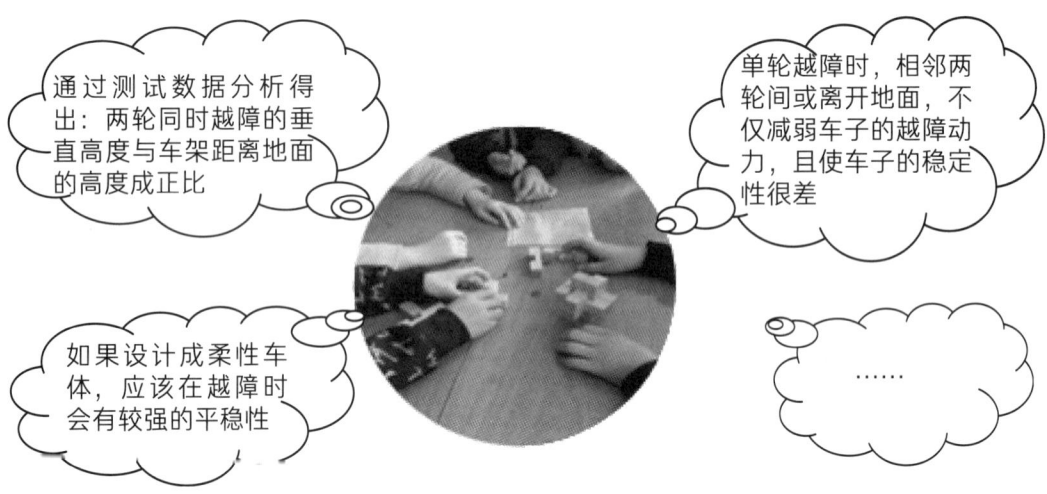

- 通过测试数据分析得出:两轮同时越障的垂直高度与车架距离地面的高度成正比
- 单轮越障时,相邻两轮间或离开地面,不仅减弱车子的越障动力,且使车子的稳定性很差
- 如果设计成柔性车体,应该在越障时会有较强的平稳性
- ……

制订解决方案

通过参与科学实践活动(见表1-1)和聚焦剖析,懂得了"力矩和摩擦力"对小车爬坡能力有直接影响,清楚了重心位置与车体的平稳性和越障能力之间有密切联系。下面,一起进入工程设计实践环节(见表1-2)。

表 1-2　工程设计实践活动

活动名称	挑战目标	设计标准
漫步月球	● 15°爬坡能力 ● 5cm高度的越障能力 ● 在松软月面上的通过能力	●月球车采用六轮悬挂摇臂机构，具备前进、后退、原地转向、行进间转向、爬坡、越障能力；车体长、宽、高均控制在34cm内。 ●能增大与月面之间的摩擦力且车轮较宽大。 ●月球车由5号电池或自选太阳能电池板供电。 ●利用月球车上的摄像图传设备，实时向"地面"发回月球车前方情景，"地面"的人通过遥控器向月球车发出行动指令

制约因素和设计标准贯穿从方案设计到产品输出的整个过程，是工程项目要达成的最终目标。在设计方案前，要逐条逐项分析研究设计标准，有针对性地查找有价值的参考资料，进行材料准备、经费预算等，做好记录。

资料显示：登月的月球车大多是四轮或六轮结构。每个车轮均有独立的伺服驱动系统，以确保其具有良好的机动性和爬坡能力。

腿式和履带式这两种设计方案的通过能力较强，但它们也有不足之处：腿式设计结构复杂，不易操控；而履带式设计易出现履带脱落或断裂等问题。

月球车不使用充气轮胎，因为月球上没有空气。轮胎内部充气后容易膨胀向外产生压强，导致爆胎……

● 方案设计

设计要确保：月球车具备良好的机动性能、越障能力和稳定性及在松软月面上的通过能力；车体长、宽、高最好控制在34cm内。描述月球车设计原理和创新点的同时，画出清晰图样，标注关键部分。图1-4显示的是学生作品月球车设计草图，并附有材料清单，供参考。

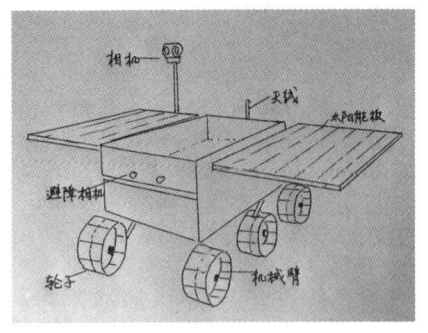

图1-4 月球车设计草图（学生作品）

材料清单：
轮子　　6个
机械臂　6组
天线　　1组
太阳能板　2块
无线图传摄像设备　1套
……

参考资料

"定义问题"是在解决问题之前，首先，确定这些问题中确实需要解决的问题；其次，调查确实需要解决的问题的已有技术或方案；最后，确认所要解决的本质问题。通俗地说，就是范围逐渐缩小，直指核心问题。

科学解释

按照左侧参考资料描述的"定义问题"的步骤，确认在"漫步月球"项目中，你需要解决的真正问题。

● 交流论证

本环节要求从以下几个方面展开交流，结合生活实际对每个设计的可行性做出客观评价，进而对每个方案是否满足设计标准（见表1-2）和限制条件进行论证。选择一个或几个解决方案进行建模和测试。

1. 设计思路：＿＿＿＿＿＿＿＿＿＿＿＿＿＿＿＿＿＿＿＿＿＿＿＿＿＿

2. 学科核心知识（或理念）：＿＿＿＿＿＿＿＿＿＿＿＿＿＿＿＿＿＿＿

3. 可行性（工作原理）：＿＿＿＿＿＿＿＿＿＿＿＿＿＿＿＿＿＿＿＿＿

4. 创新点：＿＿＿＿＿＿＿＿＿＿＿＿＿＿＿＿＿＿＿＿＿＿＿＿＿＿＿

5. 可能遇到的问题及解决方案：＿＿＿＿＿＿＿＿＿＿＿＿＿＿＿＿＿＿

参考资料

工程项目实施或建模前,工程师们要先针对发现的问题开展头脑风暴,从而提出多种可能的解决方案。随后,工程师们依据约束条件和设计标准仔细斟酌、反复比较、权衡利弊,选出最优方案。

科学解释

阅读左侧参考资料,说说工程师们选择最优方案需要几个步骤。

制作月球车模型

1.制作月球车模型。全驱动六轮悬挂摇臂是月球车的特有机构,在遇到障碍物时,六轮悬挂摇臂机构能自主调整车体重心,确保月球车不发生倾覆且有足够的爬坡能力。制作过程要求严格按照最终设计方案具体细节,分工协作,精益求精地完成建模。图1-5、图1-6显示的是学生作品六轮悬挂摇臂机构模型及月球车模型,附有材料清单,供参考。

材料清单（乐高）：

轴销　26个
直轴　7根
梁　　8根
轮子　6个
电机　3个
砖　　4个
圆齿轮 4个
厚连杆 31根
集线器 1个
……

图1-5　六轮悬挂摇臂机构模型（学生作品）

科学解释

六轮驱动是什么意思？家用小轿车一般是几轮驱动？

图1-6　月球车模型（学生作品）

2.记录数据。设计制作过程是不断重复、完善的过程,需要通过设计—创造—测试—数据记录—结果分析这几个步骤,进行设计、再设计,最终创造出符合要求的产品,应随时记录材料使用的情况及更换依据(见表1-3)。

表1-3 材料使用(更换)情况记录表

记录材料使用数据	
工具、材料更换理由	
方案修改依据	
材料和成本清单	
结果满意度	

测试、优化

完成月球车模型制作,依据设计标准(见表1-2),测量月球车的长、宽、高,并在模拟月球表面对其稳定性、爬坡能力和越障能力等进行测试(见图1-7),填入数据采集、问题诊断表(见表1-4)。对发现的问题和不足,及时进行讨论并提出改进措施,最终制作出优质的产品。

图1-7 测试月球车越障能力

表1-4 数据采集、问题诊断表

记录测试数据	发现新问题

● 科学判断

有同学说,在"漫步月球"项目的学习过程中,他运用了很多学科知识,包括杠杆原理、二力平衡、摩擦力、重力计算等。请做出判断并进一步解释。

展示与评价

月球车模型经测试获得成功后，进入小组展示环节。首先说明产品的结构设计、功能、特点、造价等（见表1-5）；其次，参考"漫步月球"项目评价量规（见表1-6）、小组自测"三维"活动量规（见表1-7）分享成功经验（见图1-8），对其他小组或个人表现做出公正、客观的评价。

图1-8 展示月球车

表1-5 小组作品结构设计及特征

组别	结构设计	功能	特点	造价	备注
A	六轮四驱固定支架机构，由1个控制器、6个车轮、4个电机、2个光电传感器，及结构套件等搭建而成	遥控（编程）兼容；可前进、后退，具有较好的爬坡能力	质量轻、体积小、速度快；无自主避障功能；越障能力差且重心不稳	2900元	中鸣机器人组件
B	六轮六驱悬挂摇臂机构，由2个控制器、6个车轮、6个电机、2个超声波传感器，及结构套件等组成	遥控（编程）兼容；可前进、后退、转弯，具有较好的爬坡和越障能力	质量轻、重心低；有自主避障功能；越障时可通过摇臂自主调低重心	4800元	乐高机器人组件
C	四驱玩具越野车车头部分加装导向对轮	接收遥控指令，可前进、后退、转弯，具有较好的爬坡能力	质量轻、结实、速度快；无自主避障功能；越障时重心不稳	800元	废物利用

甲：我的个性创意设计_____。

乙：在建模过程中，我们总是难以同时满足月球车的尺寸标准和减轻自重两个条件，最终用材料替代的办法才得以解决。

A小组：我们小组认为C小组过于注重外观处理，忽视了月球车的实用性_____。

....

表1-6 "漫步月球"项目评价量规

项目内容	有待改进（3分）	优秀（4分）	最佳（5分）
设计图	未按比例绘图，设计图做了部分标注	按比例绘图，设计图做了大部分标注	按比例绘图，设计图所有部分均做了标注
信息来源	没有信息来源或信息来源不可信	有一个信息来源，确定信息来源的可信度	使用了两个以上信息来源，并标明了信息提供者
约束因素	设计方案中未提及月球表面复杂的自然环境	设计方案中提及月球表面复杂的自然环境	设计方案中详细描述了月球表面复杂的自然环境及应对措施
阐述工程问题	没有使用专业术语阐述工程问题	使用专业术语阐述部分工程问题	使用专业术语详细阐明了工程问题，完成综述
学科知识应用	设计方案中没有提及重心稳定问题或轮子宽窄对月面产生压强大小的影响	设计方案中只考虑了车子重心稳定问题或轮子宽窄对月面产生压强大小的影响其中一项	设计方案中充分考虑了车子重心稳定问题和轮子宽窄对月面产生压强大小的影响
设计解释	仅用口头表述与其他同学分享自己的设计作品	用书写绘画的形式与其他同学分享自己的设计作品	用书写绘画或PPT等多种形式与其他同学分享自己的设计作品
科学报告	科学报告语言表达较为清晰、用词较为规范	科学报告语言合乎逻辑、表达清晰、用词较为规范	科学报告语言合乎逻辑、通俗易懂、表达清晰、用词规范
科学原理	方案设计或展示过程中没有运用科学原理	方案设计或展示过程中部分运用科学原理	方案设计或展示过程中精准运用科学原理
分享交流	分享了"漫步月球"方案设计部分环节的想法	分享了"漫步月球"方案设计大部分环节的想法	分享了"漫步月球"方案设计每个环节的想法
……			

☆加分项：鼓励完成具有独立性和创造性的作品

反思与拓展

反思与拓展通常是项目实施的最后一个阶段。事实上在计划的每个阶段都应该进行反思与拓展，有利于计划的完善和改进。回顾月球车的设计制作、测试及展示过程，反思科学和

图1-9 小组成员探究月球车改进方法

工程设计实践中的不足（见图1-9），总结经验教训，完成科学报告。最后，尝试从仿生学角度谈谈什么机构的月球车具有超强的越障和适应环境能力。

参考资料

围绕月球车的设计，工程师们提出过很多奇特的想法。例如，为使其机动能力更强，融合了蛇形蠕动与蟹行功能。在遇到较大障碍物时或自主抬高车身底盘强行跨越，或横行，或绕行。

拓展思维

根据左侧参考资料提供的信息，你认为"蛇形蠕动与蟹行功能"的设计是否可行？请从仿生学和物理原理的角度加以解释。

表1-7 小组自测"三维"活动量规

维 度	相关同学活动
科学和工程设计实践：对科学家研究自然界及工程师设计、构造系统时所进行的工作加以描述	
提出问题和明确需要解决的难题 设计和制造模型	●构建能在具有复杂地形地貌的月面上行进的电力驱动月球车。 ●通过观察和讨论，重新设计月球车，以便能够更好地漫步月球
学科核心概念：涉及物质科学、生命科学、地球与空间科学及工程设计四大领域	
优化设计方案 结构和功能	●制造、测试和改善一辆结构独特的遥控月球车。 ●制造重心低、轮子较宽的月球车，避免车轮陷入月壤中。 ●设计一辆轮腿组合、结构独特的遥控月球车。 ●重新设计月球车以便更好地在复杂的地形地貌环境中行进
跨学科概念：提供跨越不同学科领域的连接及思考工具，以丰富学生的应用实践，加强其对核心知识的理解程度	
模式	●使用月球车模型预测可能完成的任务

参考文献

[1] Hubert Dvasi，Derck Bell，刘润林. 透视科学中的探究及工程与技术中的问题解决——以实践、跨学科概念、核心概念的视角[J]. 中国科技教育，2017（1）：15-19.

项目二 月球探秘

——为探秘月球行动设计一个挖掘采壤器

背景信息

随着长征五号遥五运载火箭成功将嫦娥五号探测器送入预定轨道，我国首次地外天体采样之旅正式开启。嫦娥五号探测器采用了表取和钻取两种"挖土"模式，顺利获取近 2kg 的月壤并带回地球，使中国成为继美国、俄罗斯之后第三个把月壤"带回家"的国家。

"玉兔号"巡视器模型如图 1-10 所示。

建议活动时间

为期 6 周，每周 2 课时。

图1-10 "玉兔号"巡视器模型

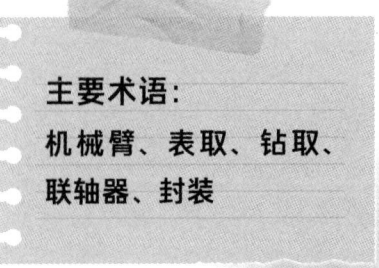

主要术语：
机械臂、表取、钻取、
联轴器、封装

项目进度

第一周	第二周	第三周	第四周	第五周	第六周
项目介绍 研究问题	制订方案 设计论证	制作月球车 模型	制作"取样" 工具	组装"取样" 工具 测试、优化	展示评价 科学报告 反思拓展

学习目标

科　学	数　学	技术 / 工程
了解吕姆克山脉以北地区的环境特征；理解力可以改变物体的运动状态；培养与大自然和谐相处的情感	测算土样的质量和表取、钻取两种方式的效能	认识机械手结构；理解机械手工作原理及机械效益；通过工程设计制造机械手解决月球车采集土壤样本的问题；学习运用遥感技术；提高科学素养

活动准备

◇项目学习笔记本、草稿纸、笔。

◇自选乐高或搭建器材配件等。

◇带有图传设备的四旋翼无人机和视频眼镜（见图1-11）。

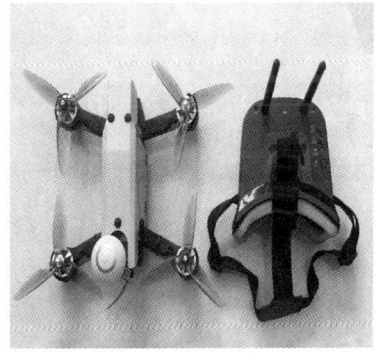

图1-11　四旋翼无人机和视频眼镜

说明事项

◇四人小组分工协作。

◇使用四旋翼无人机时，需要在"月球"场地外10 m处设置警戒隔离带或其他防护措施。

约束条件

◇模拟场景。按5000∶1的比例设计直径为1400 cm的布满大大小小陨石坑的风暴洋及吕姆克山脉的地形地貌。

◇模拟地月通信。利用月球车的无线图传摄像设备，实时向"地面"传回月球车的前方情景，月球车按照"地面"遥控指令执行任务。

作业难度分级

项　目	难度系数☆☆☆☆		难度系数☆☆☆		难度系数☆☆	
月球探秘	实时观察	取土方式	实时观察	取土方式	实时观察	取土方式
	无线图传	表取、钻取采样	直观	钻取采样	直观	表取采样

项目引入

讨论：谈谈美国和俄罗斯的月面采样点和获取月壤的方式。

挑战：设计制作机械手，确保月球车在月面（见图1-12）通过表取、钻取两种方式获取月壤，并利用四旋翼无人机带回"地面"。

*自选项目：学习运用智能机器人编程技术，实现月球车钻取、表取两种获取月壤方式的智能化。

图1-12　月面影像图

确定需求

进入21世纪以来，"去月球挖宝"成为众多海内外媒体关注的热词。到哪里挖？挖什么？要回答这两个问题，必须先通过采样获取"宝贝"储量和分布的相关信息。为此，设计制作能在月面和地下深处有效采集月壤的"取样"工具成为当务之急。

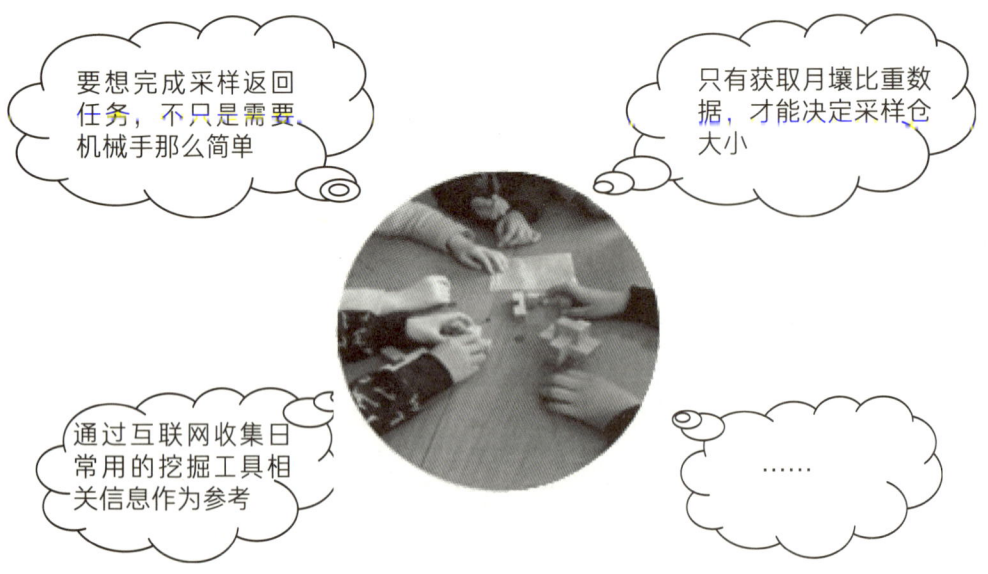

问题聚焦

1. 采样点探测。利用四旋翼无人机巡视模拟的风暴洋及吕姆克山脉,获取现场地形地貌数据,为采样器着陆做准备。

2. 市场调研。收集挖掘机、推土机、家用钻孔机等有类似挖取功能的机械设备的资料(见图1-13),为设计制作取土采样设备提供依据。

图1-13 机械设备

3. 科学实践。在指导老师的监督协助下,用玩具挖掘机和家用钻孔机等设备在学校操场或实践基地的土丘上尝试实施采样作业,探究这类工具取土的质量和效率(见表1-8)。

表1-8 科学实践活动设计

活动名称	活动目标	检测方案	知识概念
采样作业	选择"采样"最优方案	●情境:在学校操场或实践基地的土丘区域(配置好能想到的可能遇到的月壤)。 ●检测:在180s内,利用玩具挖掘机表取90g、家用钻孔机钻取30g土样	●扭矩是使物体发生转动的一种特殊的力矩。在功率固定的条件下,扭矩与电机转速成反比关系,转速越快,扭矩越小,反之转速越慢扭矩越大。 ●摩擦力是指阻碍物体相对运动(或相对运动趋势)的力。摩擦力的方向与物体相对运动(或相对运动趋势)的方向相反

4. 聚焦剖析。参与以上科学实践活动,互动交流,认真研读以下参考资料。剖析玩具挖掘机和家用钻孔机的机械结构和表取、钻取的工作原理,描述耗能少、成本低的"钻采取样"建设性方案。

参考资料

嫦娥五号探测器采用表钻结合的取土模式。表取就是用机械铲从月球表面刮取一部分月壤；钻取则是通过特殊结构的空心钻头，钻到月表以下的位置，把月壤提取出来。

表取月壤，需要增大月球车与月面的摩擦力，以确保推进力度

钻取月面以下位置的土壤，需要有足够质量的月球车增大压载

我认为家用钻孔机结构简单、有效

……

制订解决方案

聚焦剖析过程，首先，明白机械手设计得好坏是决定表取和钻取土壤效能之关键；其次，对通过调整月球车重心位置或增大月球车车体自重，解决钻取土样时需要一定压载的问题有进一步理解。下面，进入工程设计实践环节（见表1-9）。

表1-9 工程设计实践活动

活动名称	挑战目标	设计标准
月球探秘	●表取月壤 90g。 ●钻取月壤 30g。 ●完成采样及封装工作送入"返回器"	●采样时间限制在 180s 之内。 ●采样质量大于等于 120g。 ●机械臂设计在月球车的合适位置。 ●通过遥感器向月球车发出行动指令

认真分析研究以上工程设计实践活动中的挑战目标和设计标准，查找相关资料，选择合适的工具。建议请工人师傅讲解挖掘机的结构原理，帮忙拆解废旧家用钻孔

机，及时记录有价值的内容。

> 常见家用钻孔机由驱动电机、减速器、联轴器和钻头连接而成。钻头外侧设有防尘罩，能起到防止尘土的作用。

> 通过测算月壤密度，可得出与采集量相对应的容器体积。

> ……

● 方案设计

弄清挖掘机、家用钻孔机等设备的工作原理和机械结构，找到合适的制作机械手的材料，确定与月球车组装的连轴方式。在方案里描述机械手的工作过程和技术要求，按比例画出清晰图样，标注关键部分（见表1-10）。

表1-10 方案设计范例（摘要）

设计方案	草 图	描 述	结果预测
设计方案1	略	选用长10cm，直径为5cm的不锈钢管，一端设计为锯齿形，另一端与电机连接	● 可收集成分复杂的土壤。 ● 制作过程难度系数低
设计方案2		机械手由3个转轴组成，可上下前后抓取岩石或土壤	● 可全方位实施获取土样的作业。 ● 制作难度系数高
设计方案3	略	仿照剃须刀结构设计机械手，使其具有刮取和收集土壤的功能	● 耗能低，土壤样本安全。 ● 成本低，能实现废物利用

● 交流论证

通过沟通交流，对每个设计方案是否满足设计标准和约束条件进行评判。认真对待在互动中发现的问题及应对策略的科学性、可行性和局限性，做好详细记录，最终确定最佳解决方案进行建模和测试。

1. 设计思路：_____

2. 学科核心知识（或理念）：_____

3. 可行性（工作原理）：_____

4. 创新点：_____

5. 可能遇到的问题及解决方案：_____

制作机械手模型

1.制作机械手模型。在充分考虑各种局限并权衡利弊后，我们选择最优设计方案，进入建模环节。制作过程经历制作表取、钻取工具，将联动器与月球车固定联接，提供电能支持三个阶段。图1-14显示的是学生作品钻采取样模型，供参考。

图1-14 钻采取样模型（学生作品）

参考资料

联动器在机械类产品中占有不可替代的地位。它的作用是将不同机构中的主动轴和从动轴牢固地联接起来，完成传递运动。例如，链传动、蜗轮蜗杆传动（见图1-15）、变速齿轮传动等。

图1-15 链传动、蜗轮蜗杆传动实物图

2.记录数据。设计制作机械手是个极具挑战的项目，需要选轻型材料，并从质量、刚度、惯性力等多角度综合考虑。为此,制作时一定要不断尝试,记录各种数据(见表 1-11),在对比中选择制作方便、刚柔有度、物美价廉的工具材料,以提高机械手的动态性能。

表 1-11 材料使用(更换)情况记录表

记录材料使用数据	
工具、材料更换理由	
方案修改依据	
材料和成本清单	
结果满意度	

测试、优化

完成机械手与月球车总装。在模拟吕姆克山脉地区实施表取、钻取作业,对采样质量、效率和过程中的耗能情况等进行测试分析、数据记录和问题诊断(见表 1-12)。针对发现的问题和不足,及时讨论,提出改进(见图 1-16)。

图1-16 编程测试改进

表 1-12 数据采集、问题诊断表

记录测试数据	发现新问题

● 科学判断

完成机械手模型,进行应用检测,分析设计中存在的问题并寻找改进方法,这个过程称为检查改进。你认为本项目的"检查改进"环节涉及哪些内容?

展示与评价

机械手经测试获得成功,不代表本项目结束。下面进入小组展示环节。首先,介绍小组作品结构设计及特征(见表1-13);其次,依据"月球探秘"项目评价量规(见表1-14)所列内容,有重点地向师生和家长进行成果展示和经验分享,或从"科学和工程实践""学科核心概念""跨学科概念"的小组自测"三维"活动量规(见表1-15)角度阐述,并做出评价。

表1-13 小组作品结构设计及特征

组 别	结构设计	功 能	特 点	造 价	备 注
A	月球车前端支架固定矩形铁皮铲;尾端安装蜗杆垂直空心钻头,由1个电机提供动力	执行遥控指令。月球车前进中表取月壤;月球车静止时,蜗杆钻取月壤	质量轻、制作简单,表取月壤方便快捷;一次钻取月壤量小	490元	废物利用
B	月球车前端支架装有剪刀铲;由1个电机及结构套件组成	执行遥控指令。月球车前进的同时,剪刀铲工作	质量轻、搭建简单;可铲取少量月壤	580元	废物利用
C	月球车前端支架装有横向滚轮铲系统,由1个电机提供动力	遥控启动电机,带动滚轮铲转动刮取月壤	制作难度较大,质量轻、结实、取土效率高	480元	废物利用

甲:我最成功的创意是运用了触碰传感器＿＿＿＿＿＿＿＿＿＿＿＿。

乙:简捷、轻便的剃须刀结构和工作原理对我启发很大＿＿＿＿＿＿＿。

A小组:我们非常喜欢D小组的创意＿＿＿＿＿＿＿＿＿＿＿＿＿＿。

表1-14 "月球探秘"项目评价量规

项目内容	有待改进(3分)	优秀(4分)	最佳(5分)
设计图	未按比例绘图,设计图做了部分标注	按比例绘图,设计图做了大部分标注	按比例绘图,设计图所有部分均做了标注

续表

项目内容	有待改进（3分）	优秀（4分）	最佳（5分）
数据收集整理	没有信息来源或信息来源不可靠	有部分信息来源，并能确定信息来源的可信度	使用了多个可信的信息来源，并标明了信息提供者
阐述工程问题	没有使用工程学术语阐述工程问题	使用工程学术语阐述部分工程问题	使用工程学术语阐明了工程问题，完成综述
模型测试和制造	模型测试任务没有完成，不能挖土取样	模型测试任务完成，能实施挖土取样任务	模型测试结果最接近真实数据，挖土取样任务顺利完成
学科概念	设计方案中只考虑到其中的1个学科概念	设计方案中考虑到数学工具、摩擦力、扭矩及负载中的2个学科概念	设计方案中充分考虑到数学工具、摩擦力、扭矩及负载等学科概念
科学报告	科学报告语言表达较为清晰，用词较为规范	科学报告语言合乎逻辑、表达清晰、用词较为规范	科学报告语言合乎逻辑、通俗易懂、表达清晰、用词规范
科学原理	方案设计或展示过程中没有运用科学原理	方案设计或展示过程中部分运用科学原理	方案设计或展示过程中精准运用科学原理
分享交流	分享了"月球探秘"方案设计部分环节的想法	分享了"月球探秘"方案设计大部分环节的想法	分享了"月球探秘"方案设计每个环节的想法
……			

☆加分项：鼓励完成具有独立性和创造性的作品

反思与拓展

1. 你认为在实施本项目的过程中，最出乎意料的是什么？

2. 针对小组设计制作的"机械手"的效果和最终检测结果的差距，谈谈是什么地方出了问题。

3. 小组通过编程技术解决了哪些难题？

拓展思维

回忆"打水漂"游戏。回答嫦娥五号返回器"打水漂"的主要目的是什么。阐述这种返回方式用了哪些科学知识和科学方法。

> **参考资料**
>
> 嫦娥五号探测器完成取土采样后,会以第二宇宙速度(11.2km/s)返回地球。若以这样的速度直接冲进大气层,巨大的动能将转化为热能足以让返回器燃烧殆尽。为了避免这种现象发生,工程师们提出了"打水漂"式返回的应对策略,以确保样品平安落地。

表1-15 小组自测"三维"活动量规

维 度	相关同学活动
科学和工程实践:对科学家研究自然及工程师设计、构造系统时所进行的工作加以描述	
提出问题和明确需解决的难题 制作和使用模型 利用数学和计算思维	●完成取样任务,需要设计完成表取、钻取两种方式的工具。 ●设计制作机械手,并能完成表取和钻取月壤的任务。 ●运用数学知识计算得出收纳120g月壤所需的容积大小
学科核心概念:涉及物质科学、生命科学、地球与空间科学及工程设计四大领域	
具体学科知识中的关键概念 解决问题的关键工具	●摩擦力是指阻碍物体相对运动(或相对运动趋势)的力。 ●调整月球车重心或增加自重,解决钻取工具负载不足的问题
跨学科概念:提供跨越不同学科领域的连接及思考工具,以丰富学生的应用实践,加强其对核心知识的理解程度	
原因与结果 结构和功能	●测试机械手模型,以确定模拟的月壤对机械手取样的影响。 ●确定哪种结构更适合制作机械手,以在测试中完成两种方式的取样任务

项目三 月球基地
——在月球设计并建设基地

背景信息

嫦娥五号月球采样任务的顺利完成,标志着我国已具备地月往返能力,探月工程进入第四期。据悉,我国将在未来数十年内完成月面科学考察站和月球基地的建设,月球基地想象图如图1-17所示。

建议活动时间

为期3周,每周2课时。

图1-17 月球基地想象图

主要术语:

陨石撞击、宇宙射线、防辐射

项目进度

第一课时	第二课时	第三课时	第四课时	第五课时	第六课时
项目介绍	研究问题	设计画图 建造月球基地	建造月球基地	测试、优化	展示评价 反思拓展

学习目标

科 学	数 学	技术/工程
了解月球表面的气候和环境特征；理解杠杆平衡条件；了解防辐射建筑材料的特性；乐于探索自然，提高科学素养	测算生活室、科研室、通道容积和建筑材料的质量	提高获取和辨别信息的能力；认识相关建筑的结构特征；通过工程设计解决建设月球基地的实际问题；尝试运用3D技术设计建模；乐于主动参与观察、实验、制作、调查等科学实践活动

活动准备

◇ 项目学习笔记本、草稿纸、笔。

◇ 自选建造模拟月球基地的各种材料。

说明事项

◇ 四人小组分工协作。

◇ 使用竹、木和金属等尖锐材料时，做好安全防护措施。

约束条件

◇ 模拟场景。用沙土建造长502cm、宽301cm，布满大大小小陨石坑的月球表面。

作业难度分级

项 目	难度系数 ☆☆☆☆☆	难度系数 ☆☆☆☆	难度系数 ☆☆☆
月球基地	模型	模型	模型
	组装简捷、做工精细、坚固、美观	组装简捷、坚固实用	坚固实用

项目引入

讨论：谈谈人类在月球上永久居住需要解决的问题。

挑战：在模拟月球表面建立生活与工作区域，并考虑陨石撞击、宇宙射线辐射及明显的温差影响。

*自选项目：尝试运用 3D、4D 技术设计建造月球基地。

确定需求

建造月球基地。首先，需要选址；其次，选择成本低、材质轻、韧性强、经久耐用，能防陨石撞击、防宇宙射线辐射、能保温，便于搭建的建筑材料。

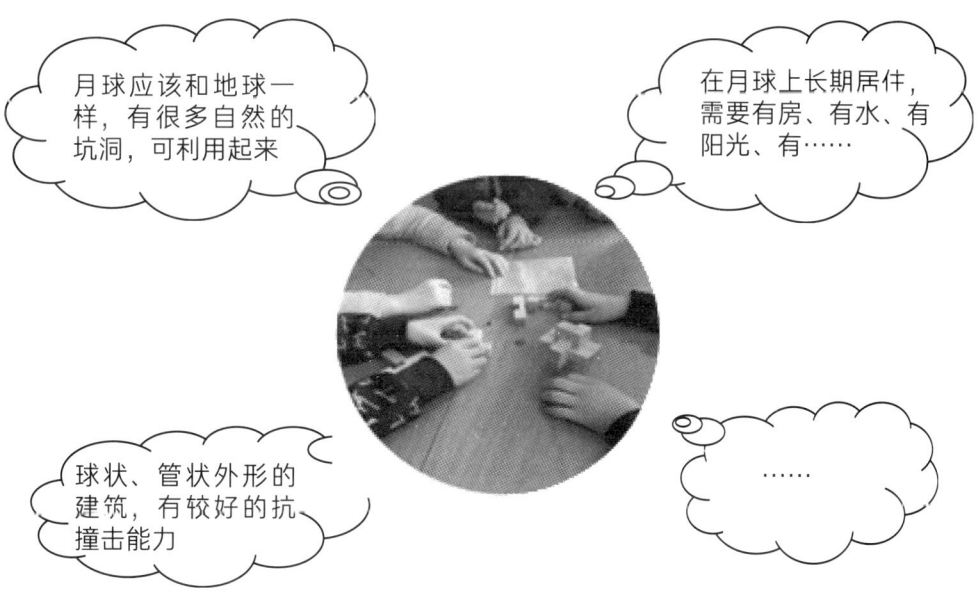

月球应该和地球一样，有很多自然的坑洞，可利用起来

在月球上长期居住，需要有房、有水、有阳光、有……

球状、管状外形的建筑，有较好的抗撞击能力

……

问题聚焦

1. 基地探测。利用四旋翼无人机巡察模拟的月面区域环境情况，绘制基地建设草图。

2. 市场调研。收集、观看科学家设计的月球基地图像资料，找寻灵感。

3. 科学实践。合作搭建不同形状的屋顶，测试其抗撞击能力（见表1-16），探究防辐射、保持恒温的最佳方法。

表1-16 科学实践活动设计

活动名称	活动目标	检测方案	知识概念
屋顶抗撞击挑战	遴选抗撞击能力最优的屋顶设计方案	●建模：用同样的材料搭建平面、拱形和薄壳结构三种不同造型的屋顶。 ●测试：将同样的小石子从同一高度撒落在三种不同造型的屋顶上	●按运动学的观点，物体在力的作用下具有加速度进而产生动能，能量的来源就是重力做功。 ●薄壳结构的受力原理：壳体为凸面，内力沿壳体厚度方向均匀分布，各向刚度值较大，材料强度能得到充分利用

4. 聚焦剖析。很多时候建桥和建房的原理相似。例如，用拱形和球形作为建筑物屋顶。借鉴已有生活经验或运用科学知识，从多角度进行比对分析，讨论可利用力学原理和能量转化原理减弱撞击力的建造设计和建筑材料。

参考资料

1969年人类第一次登上月球。在50多年后的今天，建设月球基地再次成为全球关注的焦点。然而，科学家们发现月球表面不存在大气层，小型陨石撞击月球表面是常态，因此月球基地必须具有一定的抗撞击能力。

制订解决方案

完成科学实践活动设计（见表1-16）和聚焦剖析后，同学们加深了对力学方面知识的理解，明白了屋顶造型与抗撞击能力之间的密切关联。下面，进入工程设计实践环节（见表1-17）。

表1-17　工程设计实践活动

活动名称	挑战目标	设计标准
月球基地	建造适宜生活和进行科研的场所	●搭建高31cm、长113cm、宽56cm的月球基地，内部设置生活、科研、种植和养殖三个区域，互通互联。 ●有太阳能供电系统，生活区、科研区、通道均有照明设备。 ●具有一定的抗撞击能力和较好的防辐射能力，保障室内不会出现明显的温差变化。 ●一次性运达建设月球基地所需的全部材料

进行方案设计前，要读懂月球基地的设计标准，清楚基地建设需要的材料及各功能室的要求，查找相关资料，选择适合的工具材料，把有价值的信息、各自的观点和研究方法及时写在笔记本上。

> 球形、半球形屋顶建筑物结构坚固、外形美观。国家大剧院主体建筑就是一个超大椭球钛金属壳体。

> 贝壳的外壳坚硬、美丽，深受设计师喜爱。例如，20世纪最具特色的建筑——悉尼歌剧院；被誉为"东方好莱坞"的青岛东方影都。

> ……

●方案设计

方案既要满足科学家科研和日常生活所需，又要有一定的抗撞击和防辐射能力，使基地建设工程顺利实施。方案设计需清晰描述如何利用已有条件解决可能遇到的问题，并说明材料选择、结构设计、结果预测等（见表1-18）。

表1-18 方案设计范例（概要）

设计方案	描 述	结果预测
设计方案1	方案设计特点：建筑顶部为拱形，占地部分为"工"字形；两端分别为科研、种植和养殖区，中间部分为生活区	优势：生活区在中间部分，便利通行，缩短了路径
设计方案2	基地建在月球上自然形成的溶洞内。首先，厚墙壁可保护宇航员免遭陨石撞击和宇宙射线的辐射；第二，可以在溶洞里创造出类似地球的大气环境，利于生活、科研、种植和养殖	优势：安全可靠、费用低廉。 不足：找到合适的溶洞难度大

参考资料

科学的核心是发现；技术的核心是发明。在工程建设的每个环节能发现并提出问题仅仅是个开始，找出方法或采用更多的创新设计来解决问题才是我们追求的目标。

科学解释

你们小组在建造模拟月球基地中有什么技术发明或创新点？

● 交流论证

在本环节，小组代表用 5~10min 时间，阐述设计思路、解决问题的方法、科学原理的运用及发明创造。对每个方案是否满足设计标准和约束条件进行评判，确定最优解决方案进行建模和测试。

1. 设计思路：＿＿＿＿＿＿＿＿＿＿＿＿＿＿＿＿＿＿＿＿＿＿＿＿＿

2. 学科核心知识（或理念）：＿＿＿＿＿＿＿＿＿＿＿＿＿＿＿＿＿＿

3. 可行性工作原理：＿＿＿＿＿＿＿＿＿＿＿＿＿＿＿＿＿＿＿＿＿＿

4. 创新点：＿＿＿＿＿＿＿＿＿＿＿＿＿＿＿＿＿＿＿＿＿＿＿＿＿＿

5. 可能遇到的问题及解决方案：＿＿＿＿＿＿＿＿＿＿＿＿＿＿＿＿＿

参考资料

建造月球基地，若确实需要从地球运送物资上去，就必须考虑"材料轻便耐用、搭建方法快捷、费用低廉"等诸多现实问题。

科学解释

你们小组计划使用什么材料建造月球基地？建成的基地能否达到设计标准的要求？

制作月球基地模型

1.制作月球基地模型。月球基地的建造关乎宇航员的性命和科学研究的顺利展开。实施作业时一定要严格执行方案设计细节，负责任地对待每一个环节的任务，切忌疏忽大意。图1-18显示的是"师生模拟设计建造月球基地"的场景，供参考。

图1-18 师生模拟设计建造月球基地

2.记录数据。月球基地由金属支架或竹架、锚固拉杆、拱顶压条等部件组成。金属支架或竹架决定建筑的形状和空间构成，可支撑起屋顶；锚固拉杆纵向连接金属支架和立柱，起固定压杆的作用；门的大小要考虑保温和作业方便。你们小组在月球基地建造中最终选择了哪种搭建方式和材料？将其填入表1-19中。

表1-19 材料使用（更换）情况记录表

记录材料使用数据	
工具、材料更换理由	
方案修改依据	
材料和成本清单	
结果满意度	

测试、优化

月球基地建造完成，依据该工程项目设计标准对建筑物的防撞击能力、防辐射能力和保持恒温能力等展开严格的科学测试。各项性能指标和各种测试数据及发现的问题，记录在小组设计的数据采集、问题诊断表（见表1-20）中，为优化方案提供真实、可靠的依据。图1-19显示的是学生建造的月球基地模型，供参考。

图1-19 月球基地模型（学生作品）

● 测试方案

1. 测试防撞击能力：用小石子模拟陨石，使其从3m高的位置自由落体至建筑物屋顶。

2. 测试防辐射能力：检测建筑物外是否覆盖有防紫外线的材料（模拟防宇宙射线）。

3. 测试保持恒温能力：选择光照较强的时间段11:30—12:00，在建筑物内放置500g冰块，经过10～20分钟，观察冰块的融化程度。

表1-20 数据采集、问题诊断表

记录测试数据	发现新问题

展示与评价

月球基地建造成功。下面,各小组进行作品结构设计及特征展示(见表1-21),并依据"月球基地"项目创新设计评价量规(见表1-22)所列内容,与同学们分享成果和获得的经验,或从小组自测"三维"活动量规(见表1-23)角度阐述,并做出评价。

表1-21 小组作品结构设计及特征

组别	结构设计	功能	特点	造价	备注
A	球形折叠支架结构,分生活区、科研区、种植和养殖区。主要使用金属折叠杆和有防紫外线涂层的布料及充气垫	充气垫置于建筑物立柱之下,能更好地化解陨石对建筑物的撞击	搭建方便、体积小、便于运输;有较强的抗撞击能力	200元	自购材料与废物利用结合
B	移动拼接式充气结构,分生活区、科研区、种植和养殖区。主要使用充气式材料及移动滑轮等	每个独立活动区由多个模块组成,可随意组装	这种设计便于基地整体搬迁	300元	自购材料与废物利用结合
C	尖顶式与外罩球面结合的设计。主要使用PVC板和有防紫外线涂层的布料	内外双层设计,减弱了辐射和温差的极端环境影响	以人为本的设计,安全系数更高	400元	自购材料与废物利用结合

甲:我的个性设计借鉴了＿＿＿＿＿＿＿＿＿＿＿＿＿＿＿＿＿＿＿。

乙:露营帐篷结构简单、实用＿＿＿＿＿＿＿＿＿＿＿＿＿＿＿＿＿＿＿。

A小组:E小组的设计方案最佳＿＿＿＿＿＿＿＿＿＿＿＿＿＿＿＿＿。

…………

> **参考资料**
>
> 项目展示需要围绕"产品",用清晰的逻辑、技术性概念和通俗易懂的语言阐述实现过程,也可以用口头表述或实物演示等多种形式展示。

表1-22 "月球基地"项目创新设计评价量规

项目内容	有待改进（3分）	优秀（4分）	最佳（5分）
设计图	未按比例绘图，设计图做了部分标注	按比例绘图，设计图做了大部分标注	按比例绘图，设计图所有部分均做了标注
科学探究	未使用科学探究	使用了科学探究的提问和活动部分	使用了科学探究的全部活动
创新能力	设计了一个月球基地建设方案	设计了三个不同的月球基地建设方案	设计了多个方案，用多种材料建造新颖的月球基地
知识应用	设计方案没有考虑基地外形与坚固性的关联	设计方案考虑到了一种坚固的外形	设计方案充分考虑了薄壳结构或三角顶的坚固特点
科学报告	科学报告语言表达较为清晰、用词较为规范	科学报告语言合乎逻辑、表达清晰、用词较为规范	科学报告语言合乎逻辑、通俗易懂、表达清晰、用词规范
科学原理	方案设计或展示过程中没有运用科学原理	方案设计或展示过程中部分运用科学原理	方案设计或展示过程中精准运用科学原理
分享交流	分享了"月球基地"设计方案部分环节的想法	分享了"月球基地"设计方案大部分环节的想法	分享了"月球基地"设计方案每个环节的想法
……			
☆加分项：鼓励完成具有独立性和创造性的作品			

反思与拓展

1. 按照小组设计方案进行作业时，遇到过什么问题？

2. 如果有重新建造月球基地的机会，小组会完全推翻原来的方案吗？还是会在原有方案基础上进行改进？举例说明。

3. 是否尝试运用3D（4D）打印建模技术建造月球基地？为什么？

参考资料

月球表面覆盖有一层细小尘埃。一些研究人员别出心裁地开展了"月球土建工程"研究,试图通过3D打印技术制作出建造用的基础"砖块",以解决地月间的物资运送难题。

拓展思维

你认为用3D打印月球基地的基础"砖块"和直接用3D技术打印月球基地哪个方案更科学?说出理由。

表1-23 小组自测"三维"活动量规

维 度	相关同学活动
科学和工程实践:对科学家研究自然界及工程师设计、构造系统时所进行的工作加以描述	
设计和实施调查研究 建构解释和设计解决方案	●对不同结构的屋顶模型进行撞击对比实验,得出拱形和薄壳结构抗撞击能力较强的结论。 ●薄壳结构壳体为凸面,内力沿壳体厚度方向均匀分布,各向刚度值较大。该结构抗撞击能力相对较强,适合建设月球基地
学科核心概念:涉及物质科学、生命科学、地球与空间科学及工程设计四大领域	
具体学科知识组织中的关键概念 解决问题的关键工具	●按运动学的观点,物体在力的作用下具有加速度进而产生动能,能量的来源就是重力做功。 ●薄壳结构壳体为凸面,内力沿壳体厚度方向均匀分布,各向刚度值较大,材料强度能得到充分利用
跨学科概念:提供跨越不同学科领域的连接及思考工具,以丰富学生的应用实践,加强其对核心知识的理解程度	
系统和系统模型 结构和功能	●使用不同结构的建筑模型测试陨石撞击的影响。 ●确定哪种结构更适合建造月球基地,以在测试中承受陨石的撞击

蛟

第二单元 蛟龙潜海

"可上九天揽月，可下五洋捉鳖"，抒发了伟人"世上无难事，只要肯登攀"的革命豪情，也表达了中华儿女的凌云壮志。从2012年自主研制的"蛟龙"号载人潜水器成功下潜马里亚纳海沟，到2020年"奋斗者"号载人潜水器圆满完成万米级海试，我国在深海探测方面实现了飞速发展。

本单元内容结合"深潜作业"的特殊性，设计了"深潜测绘""捕获采样""发现'宝藏'"三个STEAM项目。学生要依据"确定需求—问题聚焦—制订解决方案—制作模型—测试、优化"的步骤。设计制造潜水器和机械手，为绘制海底地形图提供信息支持，并完成捕获"冷水珊瑚"的任务；借鉴"整体打捞"的方法，用自制沉箱打捞海底沉船。

项目一 深潜测绘

——设计一种能够胜任海底测绘任务的潜水器

背景信息

作为我国先进的载人潜水器之一,"蛟龙"号(见图2-1)具有针对作业目标稳定的悬停定位能力,能保证潜水器在规定水域内完成高精度作业。它还具备先进的水声通信和海底微地形地貌探测能力,可以高速传输图像和语音。

建议活动时间

为期6周,每周2课时。

图2-1 "蛟龙"号潜入深海

主要术语:

软着陆、着陆器、探测器、六轮悬挂摇臂

项目进度

第一周	第二周	第三周	第四周	第五周	第六周
项目介绍 研究问题	制订方案 设计论证	制作潜水器模型	制作潜水器模型	组装模型 测试、优化	展示评价 反思拓展

学习目标

科　学	数　学	技术 / 工程
了解海底水域环境；理解物体沉浮条件；解释根据调查或实验数据得出的结论，具备初步分析和概括能力	测算自制潜水器的排水量、潜水深度和承载质量	了解潜水器推进工作原理；通过工程设计，制作具有观察、图像传输功能的潜水器，以帮助解决海底测绘的实际问题；学习运用遥感和图像传输技术；强化将科技应用于日常生活和社会实践的意识

活动准备

◇ 项目学习笔记本、草稿纸、笔。

◇ 摄像头、无线图像传输模块、电机、螺旋桨、电池盒等设备（可废物利用）；自选洗发水瓶、密封胶、气球、软管等工具材料。

说明事项

◇ 四人小组分工协作。

◇ 使用电器或在水域作业时，做好安全防护措施。

约束条件

◇ 模拟"海底"场景。在学校已有水池（水深152cm以上）底部，布置有流向的河道、峡谷和高低不平的河床及珊瑚类生物样本等。

作业难度分级

项　目	难度系数☆☆☆☆		难度系数☆☆☆		难度系数☆☆	
深潜测绘	实时观察	潜水器沉浮	实时观察	潜水器沉浮	实时观察	潜水器沉浮
	无线遥控	遥控注（排）水	有线遥控	手动注（排）水	有线遥控	加减配重

项目引入

讨论：谈谈潜水器的工作原理及具备的功能。

挑战：设计制作可完成海底探测和地形测量任务的潜水器。

*自选项目：设计制作可完成海底探测、地形测量和捕获任务的潜水器。

确定需求

为确保潜水器能在环境复杂的海域完成海底探测和地形测量任务，需设计制作一种遥控潜水器，具备自由沉浮、照明、水下观察及实时上传海底地形地貌图像信息的功能，为岸上工作人员绘制简单的海底地形图提供支持。

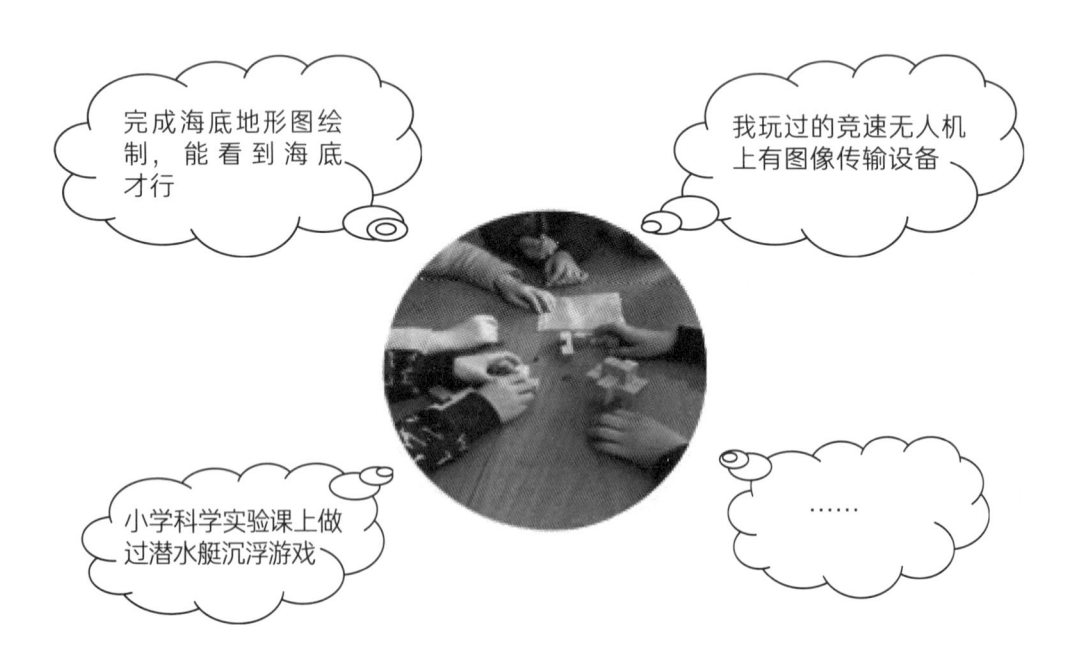

完成海底地形图绘制，能看到海底才行

我玩过的竞速无人机上有图像传输设备

小学科学实验课上做过潜水艇沉浮游戏

……

问题聚焦

1. 市场调研。到玩具店或科技馆观察潜水器，获取有用信息。

2. 收集资料。收集、观看与潜水器相关的图片和视频资料，为设计潜水器提供思路。

3. 科学实践。探究液体产生的浮力与物体重力之间的关系。了解什么是漂浮、悬浮和下沉，得出物体在水中保持任意高度位置的科学方法（见表2-1）。

表 2-1 科学实践活动设计

活动名称	活动目标	检测方案	知识概念
感受沉浮的魅力	使物体在水中平稳沉浮	●沉浮实验 1. 在一小可乐瓶侧面用胶带均匀（使饮料瓶前后平衡）粘贴几个硬币，同侧空白处钻几个小孔，作为排水口、进水口。 2. 吸管从瓶盖上的小孔穿入瓶中，密封。 实验：通过吸管吹气、吸气使潜水艇沉浮 ●配重探究 在装有半瓶水的小可乐瓶上逐量递增铁质配重，使可乐瓶在较深的水中悬浮	●潜水艇沉浮原理来自阿基米德定律。任何物体在液体中都会受到浮力的作用，浮力的大小等于这个物体所排开液体的质量。当水舱中的水位升高时，潜水艇重力增加，当重力等于浮力时，潜水艇就悬浮在水中；当水舱中的水位继续升高，潜水艇重力大于浮力，潜水艇就会继续下沉，直到沉入水底。 ●水下可以传输无线电波，如潜艇通信；在水下电磁波衰减较大，传播距离非常有限。 ●光在水中的衰减系数与光的波长有密切关联。红色光波最长，蓝色光波最短

4. 聚焦剖析。分析以上两个沉浮实验数据，进行交流，认真研读参考资料和声呐扫测示意图（见图2-2），说说潜水器在执行水下地形观察和实时上传图像的任务时，需要用到的设备。

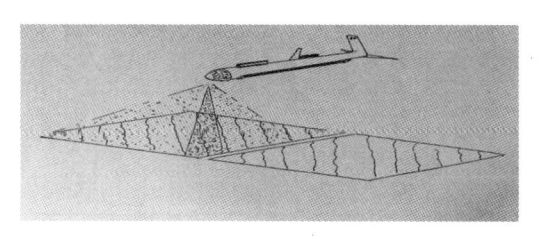

图2-2 声呐扫测示意图

参考资料

潜水器是指具有水下观察和作业功能的深潜装置。现代潜水器主要用于水下考察、海底勘探、海底打捞、设备维护、搜索援救、海底电缆维修、水下旅游观光、学术调查等。

- 遥控接收器在水里接收到的信号微弱，时好时坏
- 潜水器外壳可以利用洗发水瓶
- 潜水器需要装有照明设备、摄像头及图像传输设备
- ……

制订解决方案

在聚焦剖析环节，同学们明确了要做什么和该怎么做的问题，清楚懂得了潜水器的配重和重心位置对潜水器沉浮及平稳性的影响。下面，一起进入工程设计实践环节（见表2-2）。

表2-2　工程设计实践活动

活动名称	挑战目标	设计标准
深潜测绘	潜水器实时上传清晰的海底图像	●保持重心平均分配，保障潜水器的稳定性。 ●保障潜水器有足够的电量及照明亮度。 ●潜水器在水中的悬浮移动指令由手持遥控器发出。 ●通过潜水器的图像传输设备实时上传海底图像，为完成海底地图的绘制提供支持。 ●保证潜水器的密闭性，杜绝漏电、漏水事故发生

将设计标准作为方案设计的依据和任务目标，在收集分析"蛟龙"号潜水器

相关资料，排除已有技术或解决方案的基础上，及时记录有价值的想法，形成设计方案。

| "蛟龙"号潜水器沉浮是利用增加和抛弃压载铁的方法来实现的。 | 海底地形地貌主要利用声波和其他特殊光波的反射来进行测量。 | 深海潜水器头部的照明装置常用发光二极管（LED）灯组…… |

● 方案设计

详尽的设计方案有助于工程项目的顺利实施。为此，方案中要描述潜水器各组成部分之间的关联和技术参数，及如何与设计标准匹配。画出清晰图样，标注关键部分，具体如表2-3所示。

表2-3 方案设计范例（摘要）

设计方案	描述	结果预测
设计方案1	有线遥控潜水器，装有潜水相机和LED灯组，潜水器动力和控制信号由有线遥控传输完成	接收信号强，反应灵敏，能较快完成任务
设计方案2	无线遥控潜水器，装有潜水相机和LED灯组，潜水器动力和控制信号由无线遥控传输完成	接收信号时断时续，反应迟钝，完成任务时间较长

● 交流论证

交流论证环节是对本项目核心问题解决方案的达成效果是否满足设计标准（见表2-2）的要求做出判断，对设计理念或方法的可行性、局限性权衡利弊，择优建模。

1.设计思路：＿＿＿＿＿＿＿＿＿＿＿＿＿＿＿＿＿＿＿＿＿＿＿＿＿＿＿＿

2.学科核心知识（或理念）：＿＿＿＿＿＿＿＿＿＿＿＿＿＿＿＿＿＿＿＿＿

3.可行性（工作原理）：＿＿＿＿＿＿＿＿＿＿＿＿＿＿＿＿＿＿＿＿＿＿＿

4. 创新点：_____

5. 可能遇到的问题及解决方案：_____

> **参考资料**
> 对每个可能的设计方案进行局限性评估决定了设计理念能否实现。局限是指影响某项设计达到目标的制约和限制因素。例如，费用昂贵、程序复杂、体积过大、周期过长等。

> **科学解释**
> 阅读左侧参考资料，说说本项目的制约和限制因素。

制作潜水器模型

1. 制作潜水器模型。工程项目建设容不得一丝懈怠和马虎。例如，本项目前期的选材和制作过程，依据方案设计的要求和标准，完成得非常完美，最后密封环节出现了漏水现象，导致功亏一篑。图2-3是潜水器模型Ⅰ组图及建模过程，附有材料清单，供参考。

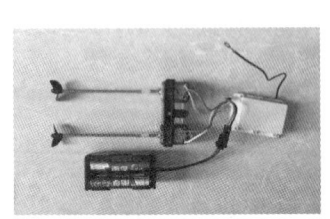

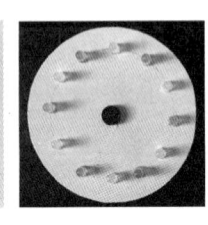

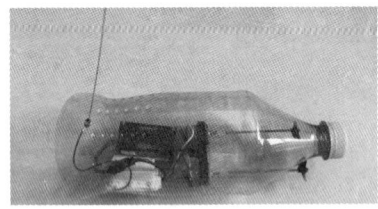

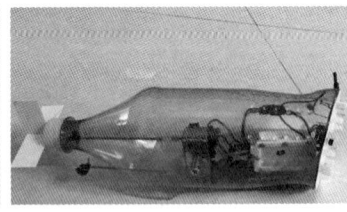

图2-3 潜水器模型Ⅰ组图及建模过程

材料清单：

电池架	1个
电机	2个
螺旋桨	4个
接收天线	1个
发射机	1个
摄像头	1个
图像同传模块	1个
视频眼镜	1个
无线遥控器	1个
LED灯	6个

（1）将螺旋桨、电机、天线、接收机、电池组等安装在剪去尾部的饮料瓶（或洗发水瓶）内部适当位置，用热熔胶固定。

（2）在椭圆形板的中心位置，固定摄像头和图像同传模块，引出天线；四周安装 LED 灯组，串联锂电池。

（3）将椭圆形板与饮料瓶开口尾部密封为一体。

（4）在饮料瓶头部（潜水器尾部）安装十字形尾翼。

…………

2.记录数据。制作过程是发现问题、不断完善的过程。在上述建模过程中，可能 LED 灯数量少，导致照明亮度不足，需要添加；对水中阻力估计不足，用了较小尺寸的螺旋桨，必须更换等。这些数据应分别记录下来（见表 2-4）。

表 2-4　材料使用（更换）情况记录表

记录材料使用数据	
工具、材料更换理由	
方案修改依据	
材料和成本清单	
结果满意度	

测试、优化

潜水器模型制作完成。首先，在模拟海域对潜水器的稳定性、灵活性、图像传输清晰度、遥控信号接收强弱及动力系统等进行测试（见图 2-4）；其次，依据潜水器实时发回的海底图像，勾画出海底地形图。实施过程的相关数据和问题诊断要记录在表 2-5 中，为进一步优化或重新设计提供帮助，直到完成最优潜水器的交付。

图2-4　潜水器模型Ⅱ动力系统测试

表 2-5 数据采集、问题诊断表

记录测试数据	发现新问题

● 科学判断

在一次海底测绘竞赛中,一些初中生和海洋测绘专家使用多束回声探测仪(一种从海底反射声波的传感技术)完成 3D 海底地图绘制;有些小组则使用了激光雷达等先进技术。从物理学角度回答其实现的可能性。

展示与评价

潜水器经"专家组"测试后,各小组对作品结构设计及特征进行展示(见表 2-6),并参考"深潜测绘"项目评价量规(见表 2-7)和小组自测"三维"活动量规(见表 2-8)向师生分享成果,做出客观评价(见图 2-5)。

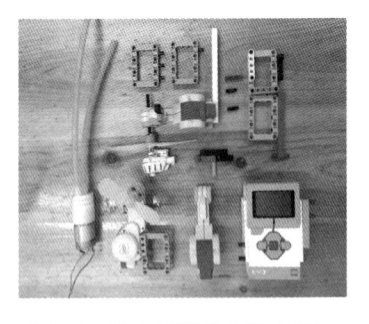

图2-5 潜水器模型 II 部分套件

表 2-6 小组作品结构设计及特征

组 别	结构设计	功 能	特 点	造 价	备 注
A	潜水器外壳为长方体塑料容器,由1个控制器、1个吸水泵、1个电机、1对螺旋桨及结构套件组装而成	在遥控指令下,潜水器具有前进、后退和较好的上下沉浮能力	质量较重、速度慢;无自主避障功能	1300 元	乐高机器组件和自选材料
B	潜水器外壳由可乐瓶改装而成,由遥控接收装置、图像传输系统、1个电机组成,还有12个LED灯及配重等部件	在遥控指令下,潜水器可前进、后退、转弯,可悬浮于水中	质量轻、速度快;无自主沉浮、避障功能	260 元	废物利用

续表

组 别	结构设计	功 能	特 点	造 价	备 注
C	……				

A 小组：我们小组的潜水器内部放置装有一定质量水的气球（模拟压载水舱），通过软管用注射器配合吸入或排出水，控制潜水器的沉浮。

B 小组：在潜水器底部增加或减少外挂重物，可以使潜水器随意悬停在某个高度。

C 小组：我们小组用浮标把潜水器的接收天线引出水面，尝试解决遥控信号较弱的问题。

……

表 2-7 "深潜测绘"项目评价量规

项目内容	有待改进（3分）	优秀（4分）	最佳（5分）
设计图	未按比例绘图，设计图做了部分标注	按比例绘图，设计图做了大部分标注	按比例绘图，设计图所有部分均做了标注
解决方案	未切分问题，实施方案表述不清	切分了问题，实施方案表述不清晰	切分了问题，实施方案表述详尽
限制条件（水下）	设计方案中未提及水下对信号传输的影响	设计方案中提及水下信号传输强弱的问题	设计方案考虑到水下对传输信号的影响，并提出改进意见或措施
阐述工程问题	没有使用工程学术语阐述工程问题	使用工程学术语阐述部分工程问题	使用工程学术语，详细阐述了工程问题，完成综述
学科知识运用	没有说明浮力、光的传播等知识在方案设计中的应用	简单说明浮力、重心、光的传播等知识在方案设计中的应用	充分阐明了浮力、重心、光的传播、无线信号传输等知识在方案设计中的应用
科学报告	科学报告语言表达较为清晰、用词较为规范	科学报告语言合乎逻辑、表达清晰、用词较为规范	科学报告语言合乎逻辑、简明扼要、表达清晰、用词规范、通俗易懂

续表

项目内容	有待改进（3分）	优秀（4分）	最佳（5分）
科学原理	方案设计或展示过程中没有运用科学原理	方案设计或展示过程中部分运用科学原理	方案设计或展示过程中精准运用科学原理
分享交流	分享了"潜水器"方案设计部分环节的想法	分享了"潜水器"方案设计大部分环节的想法	分享了"潜水器"方案设计每个环节的想法
……			

☆加分项：鼓励完成具有独立性和创造性的作品

反思与拓展

回顾小组设计和制作潜水器的过程，反思科学和工程设计实践中的不足，总结经验教训。谈谈在追求"体积小、效率高、功耗低"方面对现有潜水器设计的改进（见图2-6）。

图2-6 反思潜水器稳定性的问题

参考资料

时至今日，海洋深处仍有大部分区域没有人类涉足，更谈不上勘探和绘图。为了进一步推进海床地图测绘技术的发展，某世界著名科技公司曾经举办过"海底测绘"竞赛，期望参赛者设计制造出能在数千米深的海床测绘出海底地图的探索机器人。

科学解释

打开脑洞，设计可以完成的具有挑战性、趣味性、科学性的海底机器人竞赛项目。

表2-8 小组自测"三维"活动量规

维　度	相关同学活动
科学和工程实践：对科学家研究自然界及工程师设计、构造系统时所进行的工作加以描述	

续表

维　度	相关同学活动
分析和解释数据 建构解释和设计解决方案	●评价项目设计方案，对其他同学的表现进行评价，确定哪些地方做得好，哪些地方存在不足，随之改进设计并重新测试。 ●制作一个潜水器观察海底情况，测试模型；对潜水器重新设计，再行下潜观察海底
学科核心概念：涉及物质科学、生命科学、地球与空间科学及工程设计四大领域	
具体学科知识组织中的关键概念 解决问题的关键工具	●设计制作能悬浮于水中，并实时上传海底情境的潜水器。 ●海底照明使用了发光二极管 LED 灯组
跨学科概念：提供跨越不同学科领域的连接及思考工具，以丰富学生的应用实践，加强其对核心知识的理解程度	
系统和系统模型 结构和功能	●测试潜水器，确定水对无线电波的影响。 ●梭形潜水器更适合在水中潜浮

项目二 捕获采样

——通过工程设计挑战完成海底采样任务

背景信息

"深海勇士"号载人深潜器搭载科研人员下潜到西沙海区海底时,发现了以管状蠕虫和贻贝为主体的冷泉生物群。此后又在玄武岩区,发现了以冷水珊瑚和海绵为主体的特殊生物群,并通过机械手成功捕获冷水珊瑚样本。

"深海勇士"号潜水器模型如图 2-7 所示。

建议活动时间

为期 6 周,每周 2 课时。

图2-7 "深海勇士"号潜水器模型

主要术语:
采样、冷泉生物群、冷水珊瑚、机械手

项目进度

第一周	第二周	第三周	第四周	第五周	第六周
项目介绍 研究问题	制订方案 设计论证	制作机械手	制作机械手	组装模型 测试、优化	展示评价 反思拓展

学习目标

科　学	数　学	技术/工程
了解海底自然环境和地形地貌特征；理解力可以改变物体的运动状态	测算机械手的作业范围和承载力	认识机械手的结构和工作原理；通过工程设计制作灵活的机械手，解决采集冷水珊瑚样本的实际问题；学习运用遥感技术

活动准备

◇项目学习笔记本、草稿纸、笔。

◇选用遥控水面舰艇上的遥控接收装置、齿轮组和螺旋桨；选用玩具无人机摄像头和图像传输设备；自制机械手材料。

◇海草和冷水珊瑚样本（可自制或替代）。

说明事项

◇四人小组分工协作。

◇使用电器或在水域捕获采样时，做好安全防护措施。

约束条件

◇模拟"海底"场景。在学校已有水池（水深193cm以上）中，模拟创建一个新的生态系统，里面有海草和冷水珊瑚（或替代）等。

作业难度分级

项　目	难度系数☆☆☆☆		难度系数☆☆☆		难度系数☆☆	
捕获采样	实时观察	模型	实时观察	模型	实时观察	模型
	无线图传摄像设备	智能机械手	无线图传摄像设备	遥控机械手	无线图传摄像设备	手动机械手

项目引入

讨论：谈谈记忆中的海底世界和珊瑚礁等。

挑战：尝试在潜水器上设计安装有线遥控机械手，完成在水下捕获冷水珊瑚的任务。

*自选项目：在潜水器上设计安装无线遥控或智能机械手，能自主捕获冷水珊瑚。

水下机器人机械手如图2-8所示。

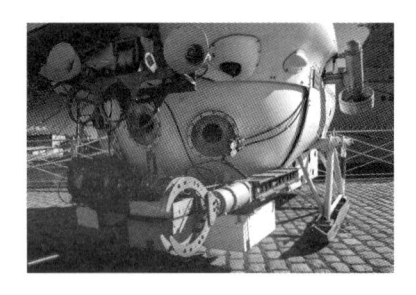

图2-8 水下机器人机械手

确定需求

模拟"深海勇士"号载人深潜器完成捕获冷水珊瑚的任务，需要在自制潜水器上设计安装能执行遥控指令，较为灵活的机械手。

问题聚焦

1. 海底巡察。利用自制潜水器及图像传输技术，了解模拟西沙海区冷水珊瑚林的水域情况，画出该水域的地形地貌图，标注冷水珊瑚所在位置。

2. 收集素材。观看中国中央电视台的纪录片《深潜》，观察机械手的作业过程，获取灵感。

3. 科学实践。探究什么结构的机械手最适合采集冷水珊瑚样本（见表2-9），对比使用一个与两个机械手的优劣。

表 2-9 科学实践活动设计

活动名称	活动目标	检测方案	知识概念
常见机械手展示	检测比对各种常见机械手的捕获效能	方案：在工作室摆放杆状植物标本，遥控机械手实施捕获、夹持作业。 评估：方便灵活，不伤标本。	●机械手具有模仿人手臂的某些动作的功能。常常利用杠杆原理（包括齿轮组）增大或减小扭矩

4. 聚焦剖析。分析以上测试数据，研究"蛟龙"号载人深潜器将国旗插入海底示意图（见图2-9）和参考资料，解读"蛟龙"号载人深潜器的机械手信息，剖析哪种机械手在获取标本过程中具有显著优势。

图2-9 "蛟龙"号载人深潜器将国旗插入海底示意图

参考资料

珊瑚的分布分为三个等级：一是珊瑚礁，由成千上万珊瑚虫的骨骼缓慢生长堆积而成；二是珊瑚林，没有像珊瑚礁那样挤在一起，而是在一个地区长得比较密集；三是散开生长的珊瑚。

- 如何控制和感知机械手的咬合力是个难题
- 机械手工作状态与潜水器照明设施配合默契是关键
- 机械手既要夹持冷水珊瑚，又要有剪断它的能力
- ……

制订解决方案

完成上述科学实践活动（见表2-9）和聚焦剖析，弄懂扭矩大小和夹具的柔韧性决定了机械手能否顺利剪断，并无损伤夹持冷水珊瑚的道理；理解潜水器的平稳性在很大程度上决定了机械手捕获冷水珊瑚的准确性的原理。下面进入工程设计实践环节（见表2-10）。

表 2-10　工程设计实践活动

活动名称	挑战目标	设计标准
捕获冷水珊瑚	无损伤捕获冷水珊瑚	●利用潜水器上的图像传输设备引导捕获冷水珊瑚。 ●机械手具有裁剪和轻拿轻放功能

面对设计标准束手无策时，结合已有生活经验和科学知识开展头脑风暴，在智慧碰撞中产生有价值的设想，或多个新型设计方案，并及时记录。

为了不对植物标本造成损伤，机械手夹持处可装上皮垫。	制作机械手的材料要有足够的强度，使其在承受荷载时，不会断裂。	机械手做得小巧、轻便，才会具有良好的灵活性和受控性。	……

●方案设计

设计方案需要描述机械手的结构及工作原理，说明如何实现裁剪、夹持和送达的目标。难于理解或重点部分画出清晰图样，标注关键部分，便于解释设计者的意图，具体如表 2-11 所示。

表 2-11　方案设计范例（摘要）

设计方案	草　图	描　述	结果预测
设计方案 1		利用四边形特有结构，推拉中轴，控制机械手开合，达到夹持样本的目的	优势：制作简单，操作方便，手动完成

续表

设计方案	草　图	描　述	结果预测
设计方案2		灵感来源于自动出芯铅笔。按下时，夹子叉开；放开回弹时夹子合在一起，可夹持物体	优势：结构、操作简单，可手动操作，也可通过控制步进电机完成

> **参考资料**
> 在机械手方案设计过程中，科学使用插图、图表、图形、草图、对应尺寸数据及标准度量单位，更好地解释设计者的新理念（或难以理解的概念）。

● 交流论证

在交流论证环节，先对方案或设计意图进行简要阐释，针对每个方案是否满足设计标准（见表2-10）和约束条件（技术参数）进行评判，选择一个（或几个）解决方案进行建模和测试。

1. 设计思路：_____

2. 学科核心知识（或理念）：_____

3. 可行性（工作原理）：_____

4. 创新点：_____

5. 可能遇到的问题及解决方案：_____

制作机械手模型

1. 制作机械手模型。依据最终机械手设计方案细节，分工协作，精益求精，逐项完成模型制作。图2-10、图2-11显示的是学生用乐高搭建的机械手和机械手程序示意图，并附有材料清单，供参考。

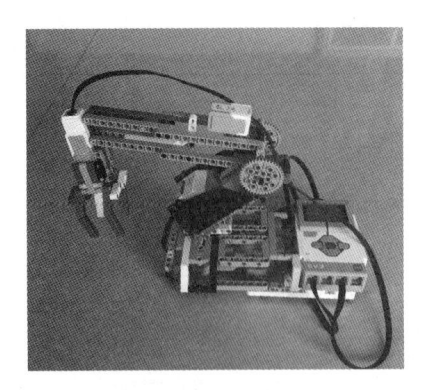

图2-10 机械手搭建图（学生作品）

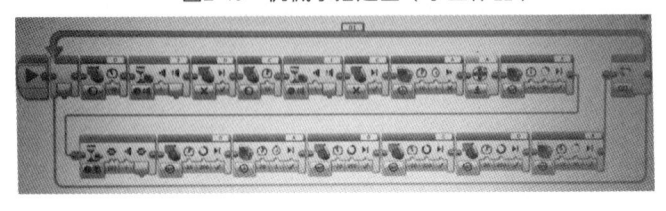

图2-11 机械手程序示意图（学生作品）

材料清单：
大型、中型电机 各1个
触碰传感器1个　连接器9个
2号连接器3个　正交连接器2个
数据线3条　齿轮7个
厚连杆18个　单弯厚连杆8个
直角厚连杆5个
双弯厚连杆1个
三角薄连杆1个　轴11个
红色轴套长销4个
黄色长销2个　摩擦轴销8个
滑销8个　长摩擦销8个
双倍销1个　半轴套3个
轴套5个　摩擦销若干

机械手是由旋转装置、机械臂和爪子三部分组成的，它可以反复将货物从A点运输到B点。机械手程序由重置和运行两部分组成：（1）重置程序是指大型电机D以反向值（-30）运行，当碰到触碰传感器3时停止，大型电机C以正向值（+30）运行；当碰到触碰传感器1时停止，中型电机A则在爪子为张开时停止；（2）运行程序是指打开主机按钮，运行时大型电机D和中型电机A将货物抓起，紧接着大型电机D、大型电机C、中型电机A将货物放下，在循环重置程序时回到原位，进行下一次抓取。

观察以下两组机械手模型（见图2-12），进行实验，对比哪个模型用料更少、操作更方便。

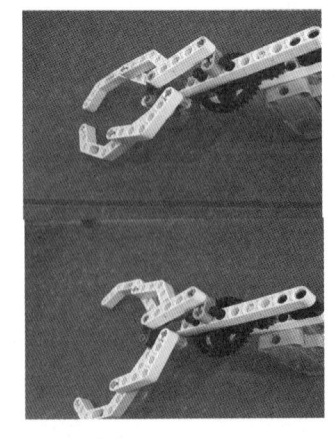

图2-12 两组机械手模型

2.记录数据。在工程设计过程中,制作小样不可或缺。因为小样是能够实际运行,用于检验设计效果的模型。其大小及所用制作材料与最终产品相同,常常用于检验某种产品的运行情况,包括工作状态、耐用性及使用的安全性等。小样运行的所有情况和材料数据要详细记录（见表2-12）,作为优化方案的重要参考。

表 2-12 材料使用（更换）情况记录表

记录材料使用数据	
工具、材料更换理由	
方案修改依据	
材料和成本清单	
结果满意度	

测试、优化

制作完成机械手后,进入测试、优化环节。把安装有机械手的潜水器模型放入模拟的冷水珊瑚林水域,对其灵敏度、夹持力度和采样质量等进行全面测试,并将数据记录在数据采集、问题诊断表（见表2-13）中,发现不科学环节及时诊断讨论,提出改进意见。

表 2-13 数据采集、问题诊断表

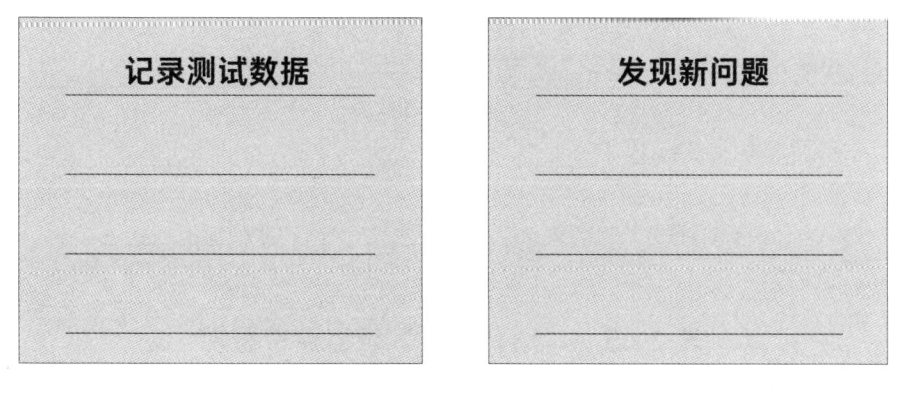

记录测试数据	发现新问题

●科学判断

机械手作为机器人的基础执行结构,被广泛应用。常见机械手分柔性和刚性两种。柔性机械手由柔性材料制作,与刚性机械手相比,在反应速度、控制精度、负载自重比等方面具有显著优势，但结构较为复杂。判断本小组的设计属于哪种机械手，并说说原因。

展示与评价

经过严格测试之后，各小组要进行作品结构设计及特征展示（见表2-14），并依据"捕获采样"项目评价量规（见表2-15）和小组自测"三维"活动量规（见表2-16）分享最终成果或展示新发现，对其他小组或个人的表现进行客观公正的评价。

表2-14 小组作品结构设计及特征

组 别	结构设计	功 能	特 点	造 价	备 注
A	机械手由旋转装置、机械臂和爪子三部分组成；程序有重置和运行两部分	按照程序，能反复将样本从A点运输到B点，做到轻拿轻放	机械手夹持、移动样本的能力较强；剪切样本有困难	4600元	乐高机器组件
B	机械手由"锥形套管+电机""空心螺栓+剪刀（上方附着有半圆缺口的橡胶垫）"组成	套管在电机作用下反向旋转，通过空心螺栓回拉剪刀，完成剪断、夹持样本作业	完成剪切、夹持样本速度快，制作难度小	500元	废物利用
C	……				

甲：我的个性创意设计＿＿＿＿＿＿＿＿＿＿＿＿＿＿＿＿＿＿＿＿＿＿。

乙：在确定问题的过程中＿＿＿＿＿＿＿＿＿＿＿＿＿＿＿＿＿＿＿＿。

A小组：C小组不同凡响的创意＿＿＿＿＿＿＿＿＿＿＿＿＿＿＿＿＿。

表2-15 "捕获采样"项目评价量规

项目内容	有待改进（3分）	优秀（4分）	最佳（5分）
限制条件	设计方案中未提及水下工具需要特殊处理	设计方案考虑到水下工具的防腐蚀和用电安全问题	设计方案考虑到水下工具的防漏水、防腐蚀和防漏电问题，采取相应措施

续表

项目内容	有待改进（3分）	优秀（4分）	最佳（5分）
设计图	未按比例绘图，设计图做了部分标注	按比例绘图，设计图做了大部分标注	按比例绘图，所有部分均做了标注，很好地解释了设计方案
机械原理	拿来主义，未做进一步理解	收集与机械手工作原理相关的资料，初步了解其结构	收集与机械手工作原理相关的资料，透彻理解分析，应用于方案设计与制作
科学报告	科学报告语言表达较为清晰、用词较为规范	科学报告语言合乎逻辑、表达清晰、用词较为规范	科学报告语言合乎逻辑、简明扼要、表达清晰、用词规范
分享交流	分享了"机械手"方案设计部分环节的想法	分享了"机械手"方案设计大部分环节的想法	分享了"机械手"方案设计每个环节的想法
沟通方式	工程设计过程用到了一种沟通方式	工程设计过程用到了两种沟通方式	工程设计过程用到了人际互动、口头沟通、书面沟通、视觉沟通多种方式
……			

☆加分项：鼓励完成具有独立性和创造性的作品

反思与拓展

回顾本小组设计和制作机械手的过程，反思科学和工程设计实践中的不足，总结经验教训。如果有重新制作的机会，本小组会怎么做？在追求"准确性高、体积小、功耗低"方面，本小组有何新设想？

参考资料

机械手在构造和性能上综合了人和机器各自的优点，在抓取、搬运物件或操作的准确性及适应各种环境等方面优于人类，具有不知疲倦、力量大等显著优势，未来将有很多重复性劳动被其取代。

拓展思维

电机作为机械手的动力系统，其功耗大部分用在了克服自身重力上。同学们结合已学知识，运用工程思维，进一步优化机械手的结构，以提高性能、降低功耗。

表 2-16　小组自测"三维"活动量规

维　度	相关同学活动
科学和工程实践：对科学家研究自然界及工程师设计、构造系统时所进行的工作加以描述	
提出问题和明确需解决的难题 建构解释和设计解决方案	●机械手在海底取样。需要设计一个易于操控，有裁剪、夹持功能的机械手。 ●制作机械手用于海底取样。测试机械手，对机械手重新进行设计，以更好地完成取样任务
学科核心概念：涉及物质科学、生命科学、地球与空间科学及工程设计四大领域	
具体学科知识组织中的关键概念 解决问题的关键工具	●通过联动装置（力臂的设计），实现裁剪、夹持功能。 ●灵活且有裁剪、夹持功能的机械手需要良好的联动装置
跨学科概念：提供跨越不同学科领域的连接及思考工具，以丰富学生的应用实践，加强其对核心知识的理解程度	
模型 系统和系统模型	●设计制作机械手模型，测试其性能。 ●使用模拟冷水珊瑚植物标本，测试机械手性能

参考文献

[1] 张文静. 冷水珊瑚林为什么这样热？[N]. 中国科学报，2018-11-02（1）.

项目三 发现"宝藏"
——设计一个极具挑战性的海底打捞方案

背景信息

南宋古沉船"南海Ⅰ号"（见图2-13）于1987年在南海海域被意外发现，因为缺乏经验、技术，当时无法继续开展打捞及后续的考古工作。随着我国工业技术的高速发展，"华天龙"号应运而生。这艘我国自行设计和建造的亚洲最大打捞起重船填补了我国装备制造业巨型设备的空白。2007年12月21日，"华天龙"号用它二十几层楼高的巨臂将一个巨大的棕色沉箱从海水中捞起。"南海Ⅰ号"的成功打捞宣告世界首创的古沉船整体打捞方案获得了巨大成功。

建议活动时间

为期6周，每周2课时。

图2-13 南宋古沉船

主要术语：
沉箱、原地打捞、整体打捞、勘测、定位、承载

项目进度

第一周	第二周	第三周	第四周	第五周	第六周
项目介绍 研究问题	制订方案 设计论证	制作沉箱 模型	制作沉箱 模型	组装模型 测试、优化	展示评价 反思拓展

学习目标

科 学	数 学	技术/工程
了解海洋自然环境；理解二力平衡条件；进一步理解光的反射定律；保持对自然界的好奇，乐于探究	测算沉箱的长、宽、高和质量	利用光的反射定律自制潜望镜；认识吊装机械；理解解决打捞沉船问题面临的约束条件；通过工程设计制作"沉箱"，解决打捞沉船的实际问题；敢于提出与别人不同的见解，勇于放弃或纠正不正确的观点

活动准备

◇ 项目学习笔记本、草稿纸、笔。

◇ 自选制作沉箱的材料和吊装方案。

说明事项

◇ 四人小组分工协作。

◇ 模拟水域打捞沉船时，做好安全防护措施。

约束条件

◇ 模拟海底场景。在学校已有水池（水深102cm以上）中倒入10cm以上厚度不同的沙土。

◇ 建造"沉船"。"沉船"长22cm，由棉线连接雪糕棒而成，船舱内有泥沙和微小玻璃、陶瓷制品等；2/3的船体沉入海底泥沙中（见图2-14）。

作业难度分级

项　　目	难度系数☆☆☆☆☆		难度系数☆☆☆☆		难度系数☆☆☆	
发现"宝藏"	沉船模型	吊装方式	沉船模型	吊装方式	沉船模型	吊装方式
	金属材料	遥控机械装置	木制材料	半自动装置	木制材料	手动装置

项目引入

讨论：谈谈对"原地打捞"和"整体打捞"两种方案的理解。

挑战：设计制作沉箱，运用"整体打捞"的方法打捞海底沉船。

*自选项目：运用"原地打捞"方法打捞沉船。

图2-14　自制沉船模型

确定需求

在海底沉睡几个世纪的船体已无法受力，稍不留神就会解体。为了完整保留沉船的原生态信息，必须采用"整体打捞"的方法，连同船体和淤泥一块儿打捞。而创造性地设计制作沉箱和选择吊装方案是关键。

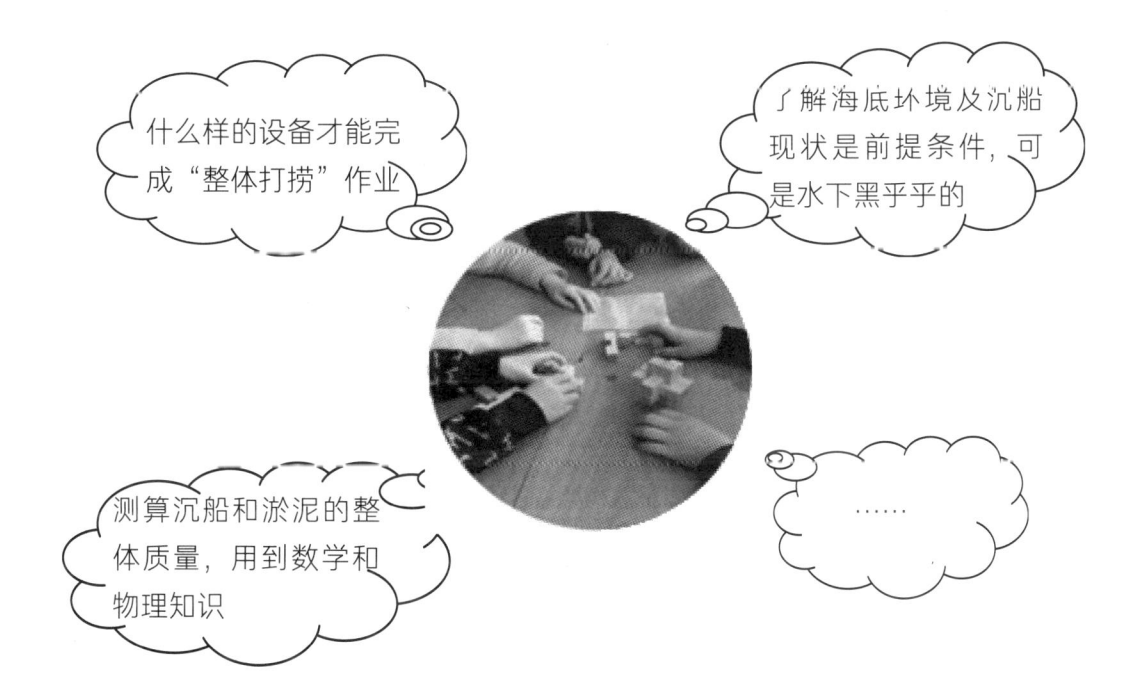

什么样的设备才能完成"整体打捞"作业

了解海底环境及沉船现状是前提条件，可是水下黑乎乎的

测算沉船和淤泥的整体质量，用到数学和物理知识

……

参考资料

古代沉船经数百年海水侵蚀，船体已破烂不堪，船货也被淤泥掩埋。很多时候，打捞人员只打捞船货；在认识到船体的文物价值后，才开始将沉船标号、解体、出水后再拼装恢复船体。当然，这种"原地打捞"方法不能完整保留沉船的原生态信息。

科学解释

请思考什么是"整体打捞"？"整体打捞"和"原地打捞"最大的区别是什么？"整体打捞"难在什么地方？

问题聚焦

1. 定位测绘。利用自制光学设备，观察沉船周边的环境和船体破损情况等。

2. 收集资料。观看中国中央电视台播出的《国家记忆》之《探秘"南海1号"》相关视频，学习打捞沉船的方法。

3. 科学实践。分享定位测绘获取的沉船信息，探讨"整体打捞"方法（见表2-17）。探究自制沉箱的大小和选材，交流选择吊装方案。

表2-17 科学实践活动设计

活动名称	活动目标	检测方案	知识概念
海底探秘	定位船体位置、了解其沉态	●利用自制潜望镜在指定水域寻找沉船位置，观察船体破损程度；测量沉船的长、宽、高；估算沉船自重及包裹船体淤泥的质量	●潜望镜是一种利用光线反射原理制作的光学仪器。 ●滑轮组是由若干个定滑轮和动滑轮构成的，可以达到既省力又可以改变力的作用方向的目的

4. 聚焦剖析。参与"海底探秘"科学实践活动，对沉船的位置、破损程度、体积大小、体态埋深及船体总重有清晰的了解。结合已习得的知识和生活经验，研读参考资料，梳理思维导图，剖析制作沉箱的过程和打捞方法。

参考资料

"整体打捞"方法最大的优势在于能很好地保留沉船的原生态信息。简言之,就是用一个金属制作的箱子(箱底开口),从上面把埋藏在海底淤泥之下的古沉船及周身淤泥完全罩住,封闭箱口,然后连同船体淤泥一起打捞上来(见图2-15)。

"南海Ⅰ号"整体打捞及保护方案
1. 勘测、定位沉船位置。
2. 用水泥块将沉箱缓缓压入淤泥中,罩住古沉船周身区域。
3. 用36根钢梁从上沉箱底部穿引,把古沉船装在沉箱中。
4. 将装有古沉船和淤泥的上沉箱吊运到全潜驳船上,使下沉箱与上沉箱分离,留在海底。
5. 将沉船运到水晶宫。

图2-15 吊装沉箱

> 水下浑浊,给勘测作业带来了很大的挑战

> 沉船已经被泥沙覆盖,要求沉箱必须沉入船底

> 需要在平台上架设一个足够大的吊装设备

> ……

制订解决方案

学习"南海Ⅰ号"整体打捞方法后,清楚了设计巧妙的沉箱和完善的吊装工具,以及严谨的科学态度对完成"整体打捞"的重要性。下面,进入工程设计实践环节(见表2-18)。

表 2-18　工程设计实践活动

活动名称	挑战目标	设计标准
整体打捞	沉船无损伤	●自制沉箱。沉箱尺寸视船体大小而定，不能过大。 ●自选吊装设备，采取"整体打捞"方法。 ●打捞平台不得倚靠水池边的固定物。 ●在打捞过程中，手不得接触沉船

整体打捞及保护方案的终极目标就是毫发无损地把沉船打捞上来。依据定位测绘获取的数据和设计标准（见表2-18），从多种途径获得有价值的信息，制订多个设计方案，记录在笔记本上。

箱底穿插入口的钢梁端为尖锥形，利于插入预设口中。	沉箱上面需要用铁块负载，才能使其被压入淤泥。	吊装工具由悬臂、滑轮组、钢丝绳、电机、支架、底座等组装而成。	……

●方案设计

设计方案要描述"整体打捞"的作业过程及配套设备，按比例绘图，设计图所有部分均做标注（见表2-19）。

表 2-19　方案设计范例（摘要）

设计方案	描　述	结果预测
设计方案1	1. 勘测、定位沉船位置； 2. 围绕水池用专用钢管搭建三角支架，悬挂电动葫芦（三脚架交叉点正下方为沉船中心位置）； 3. 在沉箱上绑定水泥块，用电动葫芦吊起放入水中，罩住沉船周身区域； 4. 潜水员用数根钢梁从沉箱底穿引，把沉船装在"箱"中； 4. 缓慢吊起沉箱，出水后轻轻放在地面上； 5. 小组成员打开沉箱，专家组进行评估	打捞速度快，沉船完好无损

参考资料

工程设计要求提出的方案多样化，即在充分考虑那些互相冲突的多项目标、评估标准和制约因素及在权衡利弊的基础上，从多个可能的方案中甄别出最好的解决方案。

科学解释

（1）以上"整体打捞"方案需做哪些补充，才能使其趋于完善？

（2）有同学突发奇想：打捞沉箱四周用具有足够抗压能力的玻璃围起来，便于观察沉船状态，确保其不受损伤。你认为这样的设计可行吗？

● 交流论证

小组成员对每个方案是否满足设计标准（见表2-18）和限制条件（技术参数）进行交流论证，并给出合理化建议。选择一个或多个解决方案进行建模和测试。

1. 设计思路：_____
2. 学科核心知识（或理念）：_____
3. 可行性（工作原理）：_____
4. 创新点：_____
5. 可能遇到的问题及解决方案：_____

参考资料

建模之前,每个小组应对作品的设计理念、工作原理、知识运用、关键工具和结构与功能、材料选择及成本预算等,做出科学、合理、全面的解释。

科学解释

工程设计形式多样,步骤各不相同。有些工程设计步骤仅需3种,而有的需要十几甚至几十种。你认为是这样吗?

制作沉箱模型

1.制作沉箱模型。在沉船整体打捞及保护方案中,沉箱制作得好坏决定着能否成功打捞沉船。要依据设计方案的具体细节,分工协作,用最小的投入制作"沉箱"。图2-16是学生提供的沉箱模型,供参考。

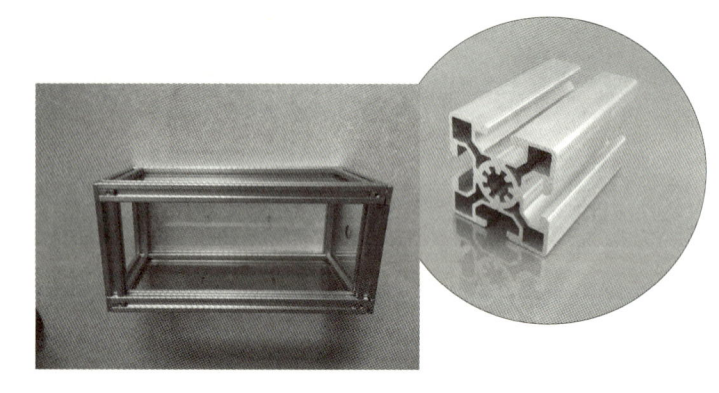

图2-16 沉箱模型(学生作品)

2.记录数据。制作沉箱和选用自选吊装方案过程中,一定会发现这样或那样的问题,需要实时记录相应数据信息(见表2-20),为寻求技术突破提供帮助。

表2-20 材料使用(更换)情况记录表

记录材料使用数据	
工具、材料更换理由	

续表

方案修改依据	
材料和成本清单	
结果满意度	

测试、优化

完成沉箱制作，各小组自选吊装方案（如塔吊），在模拟海域实施"整体打捞"沉船作业。对照约束条件，发现问题及时讨论并提出改进措施。记录员随时把测试数据和出现的问题填写在数据采集、问题诊断表（见表2-21）中。

表2-21 数据采集、问题诊断表

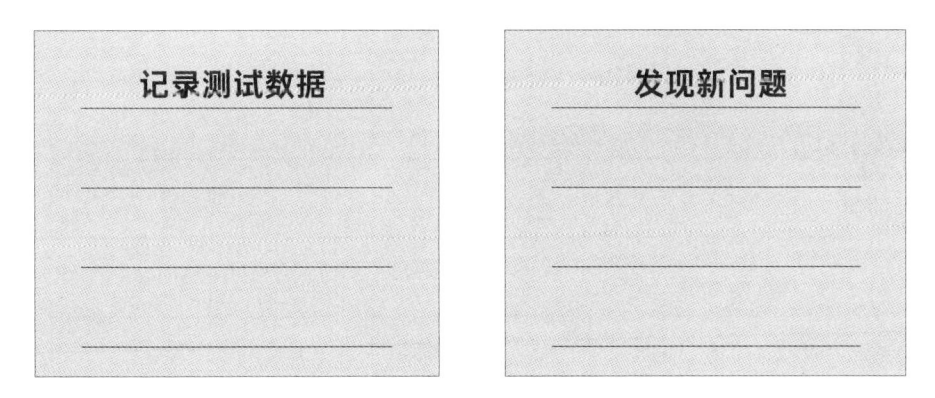

记录测试数据	发现新问题

●科学判断

根据项目进度、制作情况灵活调整评价方法。即使是对相同内容进行评价，也会因评价主体不同而不同。说说你们对其他小组及成员是如何评价的，依据是什么。

展示与评价

优秀的工程师一定具备良好的沟通能力，能用通俗易懂的语言表述自己的想法。下面，各小组代表要对作品结构设计及特征进行展示（见表2-22），并参考"发现'宝藏'"项目评价量规（见表2-23）和小组自测"三维"活动量规（见表2-24），分享成功经验。

表 2-22　小组作品结构设计及特征

组　别	结构设计	特　点	吊装方案	造　价	备　注
A	由不锈钢圆管焊接成长方体支护架沉箱，以单向插门方式封闭箱口	焊接难度较大，质量较轻、结实；吊起过程中淤泥会自动流失，减轻了吊装机械负载	三脚支架顶端装有滑轮组，手动作业	180 元	废物利用
B	由合金方管连接成箱体，四周以透明有机板封闭，以双向插门方式封闭箱口	切割材料工艺要求高，质量大，封闭箱口作业较为快捷，能完好无损地保留沉船原貌	自制悬臂桥吊，在遥控指令下完成吊装作业	310 元	中鸣机器组件和废物利用
C	……				

A 小组：_____。

B 小组：_____。

建议：_____

_____。

表 2-23　"发现'宝藏'"项目评价量规

项目内容	有待改进（3 分）	优秀（4 分）	最佳（5 分）
设计图	未按比例绘图，设计图做了部分标注	按比例绘图，设计图做了大部分标注	按比例绘图，所有部分均做了标注，材料单完整
方案设计	方案设计不具有新颖性	方案设计具有一定的新颖性	方案设计具有新颖性和可行性
标准和约束	没有考虑水下作业的问题	考虑到水下作业的问题，没有提出相应措施	充分考虑自然环境因素，并在方案中提出相应措施
检查改进重新设计	没有记录测试的数据和发现的问题	记录了部分测试的数据和发现的问题	详细记录了测试的数据和发现的问题，为重新设计提供了科学依据
科学报告	科学报告语言表达较为清晰、用词较为规范	科学报告语言合乎逻辑、表达清晰、用词较为规范	科学报告语言合乎逻辑、简明扼要、表达清晰、用词规范

续表

项目内容	有待改进（3分）	优秀（4分）	最佳（5分）
科学原理	方案设计或展示过程中没有运用科学原理	方案设计或展示过程中较少运用科学原理	方案设计或展示过程中精准运用科学原理
分享交流	分享了"打捞沉船"方案设计部分环节的想法	分享了"打捞沉船"方案设计大部分环节的想法	分享了"打捞沉船"方案设计每个环节的想法
☆加分项：鼓励完成具有独立性和创造性的作品			

反思与拓展

回顾小组对制作打捞沉船设备及设计的过程，反思科学和工程设计实践中的不足，总结经验教训。谈谈你在工程项目实施过程中，应用数学工具和计算思维的具体做法。

参考资料

打捞沉船的难度主要取决于沉船破损程度、水域环境和海底地质情况等。浮筒打捞法最为常见，即先把灌满水的浮筒沉入水下，分别固定于沉船两侧；然后排出筒内之水，沉船便会借助水的浮力浮出水面。

拓展思维

在"整体打捞"沉船的过程中，"从沉箱底部穿引数根钢梁"作业难度大，有没有更为便捷、可靠的方案可以替代？

表 2-24 小组自测"三维"活动量规

维 度	相关同学活动
科学和工程实践：对科学家研究自然界及工程师设计、构造系统时所进行的工作加以描述	
提出问题和明确需解决的难题	●打捞沉船，保留原生态信息，设计"整体打捞"方案。
利用数学和计算思维	●通过观察和讨论，重新设计，用体积最小、用料最少的沉箱，减轻吊装机械的负载。
获取、评估和交流信息	●通过定位测绘，获取沉船海域的自然环境和船体信息，认为"整体打捞"是最佳方案

续表

维　度	相关同学活动
学科核心概念：涉及物质科学、生命科学、地球与空间科学及工程设计四大领域	
优化设计方案 解决问题的关键工具	●制作、测试和改善一个容积适中的沉箱。 ●在估算沉船和淤泥总质量的基础上，设计沉箱和吊装设备
跨学科概念：提供跨越不同学科领域的连接及思考工具，以丰富学生的应用实践，加强其对核心知识的理解程度	
模式 结构和功能	●模拟沉船，运用自制沉箱实施"整体打捞"，预测打捞结果。 ●封闭的钢制沉箱能完整保护沉船原貌

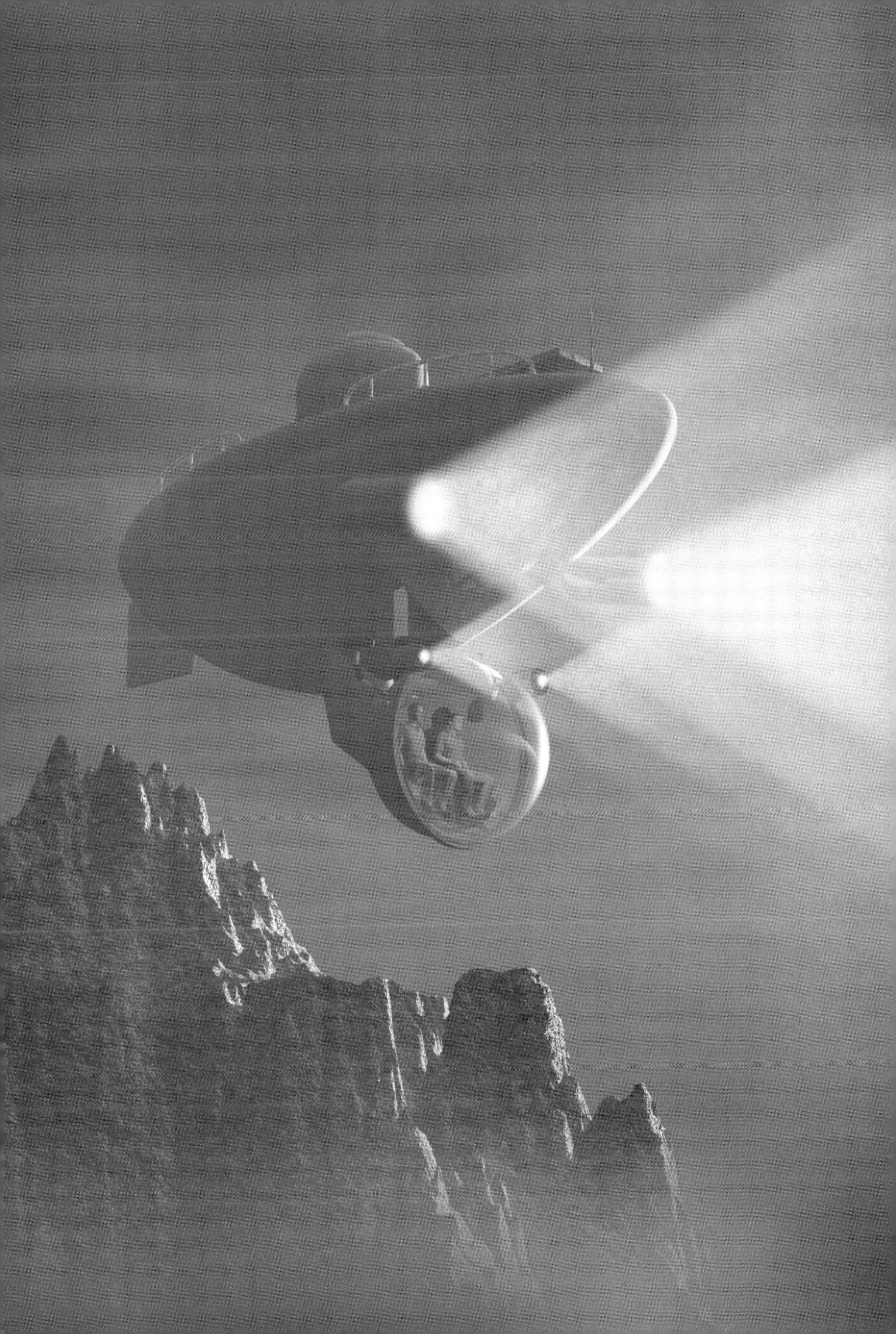

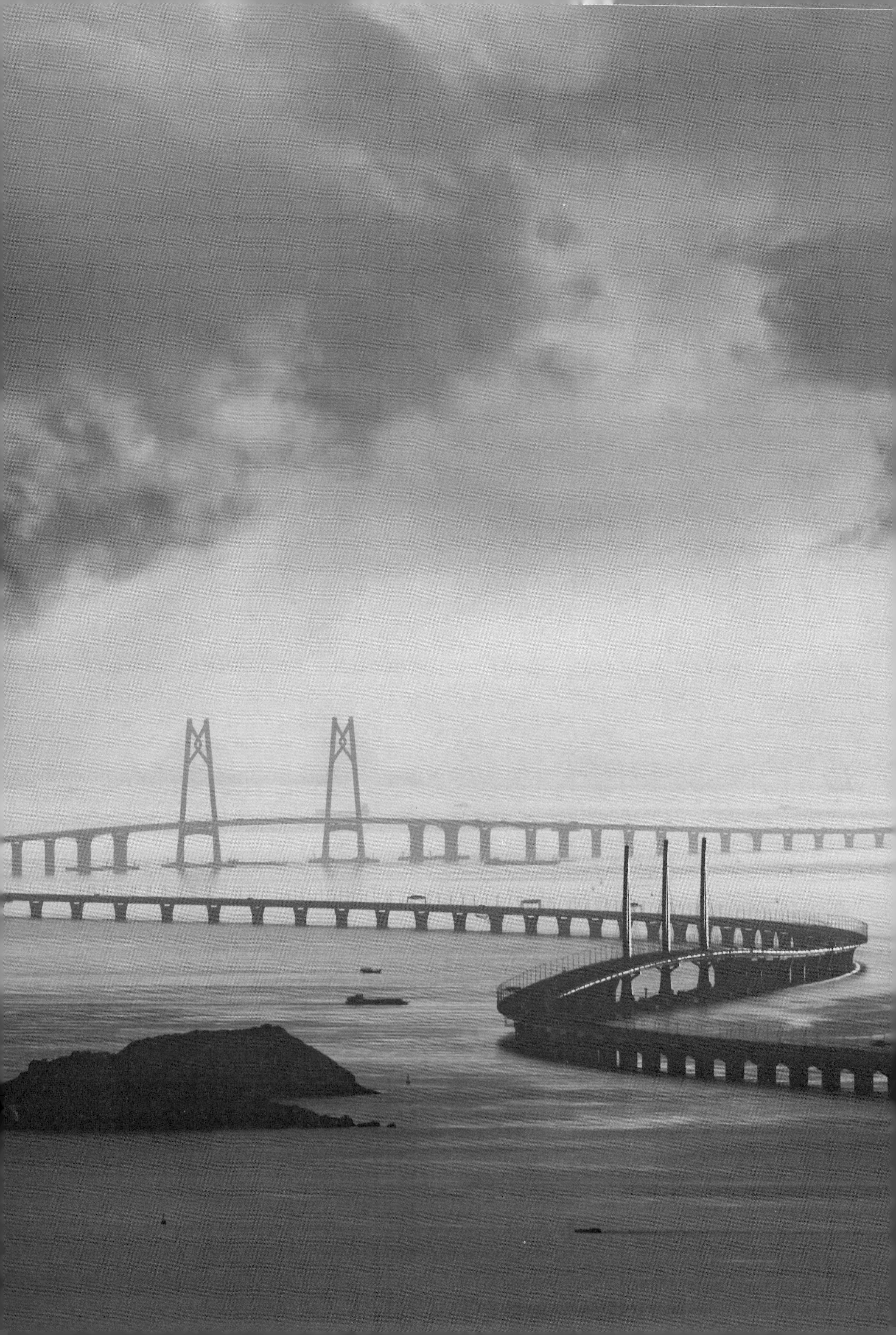

第三单元　中国桥

"桥"历来是STEAM项目中的经典项目。回顾中国的桥梁史，可爱的科学家们和工程师们从未停下奋进的脚步，无论是在困难年代，还是在科学技术飞速发展的今天，他们书写着一个又一个的建桥传奇。被誉为"现代世界七大奇迹"之一的港珠澳大桥便是中国人民勤劳和智慧的结晶，是我国第一例集双人工岛、隧道、桥为一体的跨海通道，取得近200项技术创新专利，创下了多项世界之最，堪称世界桥梁建设史上的巅峰之作。由于港珠澳大桥工程建设中的制约因素甚多，工程设计具有强烈的反复性、复杂性和多变性，可能成为STEAM项目中的经典。

本单元从港珠澳大桥项目中选择了"岛、隧道、桥"三个综合性工程问题，具体如下：（1）"建设人工岛"项目，学生要利用离心力原理仿制"振锤"，在模拟水域定点振沉钢圆筒做好支护结构，快速筑岛；（2）"挑战海底隧道"项目，学生要仿照港珠澳大桥建造海底隧道，设计浇筑多节段沉管模型，自选吊装方案，完成海底隧道工程建设；（3）"一桥飞架三地"项目，学生要模拟建造能承受一定风力袭扰的跨海大桥工程。

项目一　　建设人工岛

——仿制"振锤"在"模拟海域"快速筑岛

背景信息

港珠澳大桥海底隧道的入口和出口是东西两座人工岛（见图3-1）。每座人工岛的面积相当于3个足球场大小，工程团队创造性地使用深插式钢圆筒快速筑岛技术，启用了世界上最大的八向振锤，用半年时间把120个直径为22m的巨型钢圆筒插入海床，填土筑岛。

建议活动时间

为期8周，每周2课时。

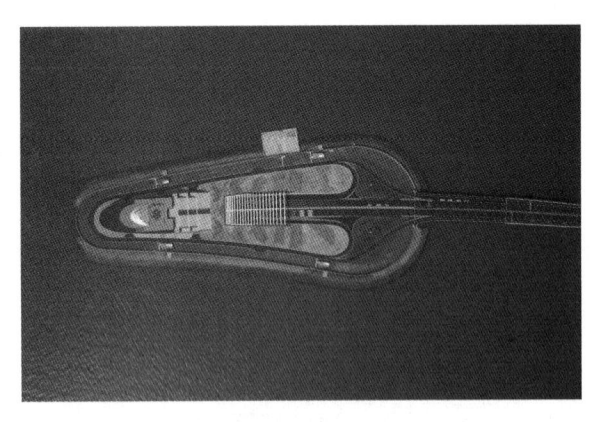

图3-1　港珠澳大桥东人工岛

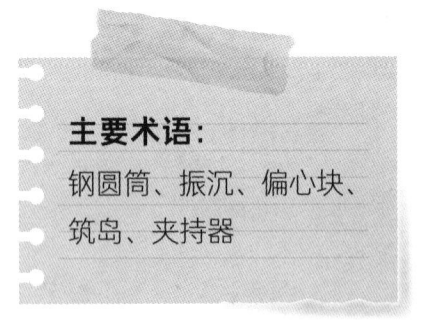

主要术语：
钢圆筒、振沉、偏心块、筑岛、夹持器

项目进度

第一周	第二周	第三、四周	第五、六周	第七周	第八周
项目介绍 研究问题	制订方案 设计论证	分割钢圆筒 制造振锤	测试和优化 振沉钢圆筒	振沉钢圆筒 填土成岛 评估验收	交流展示 科学报告 反思拓展

学习目标

科　学	数　学	技术 / 工程
了解建岛海域的自然环境；理解液体压强与什么因素有关；对模拟海床进行钻探测试、取样分析、科学实验；了解离心力原理	测算模拟水域的深度、钢圆筒露出水面部分的高度和圆形小岛的直径	认识振锤的机械结构和工作原理；理解采用钢圆筒支护结构技术，快速筑岛面临的约束条件；利用偏心块设计振锤装置，解决钢圆筒深插海床的实际问题

活动准备

◇ 项目学习笔记本、草稿纸、笔、卷尺、角度尺。

◇ 沙土；自选外径约 18cm 的钢圆筒及制造振锤用的支架、偏心块、齿轮组、弹簧、36V 直流电机、三角传送带、滑轮等材料。

◇ 自选吊装振沉方案。

说明事项

◇ 四人小组分工协作。

◇ 使用振锤和吊装钢圆筒时，做好防触电和防溺水措施。

约束条件

◇ 模拟伶仃洋场景。挖长 431cm、宽 412cm 的矩形水域，水深为 18cm 左右。

作业难度分级

项　　目	难度系数 ☆☆☆☆☆		难度系数 ☆☆☆☆		难度系数 ☆☆☆	
建设人工岛	钢圆筒数	钢圆筒插入方式	钢圆筒数	钢圆筒插入方式	钢圆筒数	钢圆筒插入方式
	40	八向振锤	30	四向振锤	20	手工操作

项目引入

讨论：谈谈筑岛技术人员用什么方法将10层楼高的钢圆筒插入海床。

挑战：仿制振锤，在模拟水域采用钢圆筒支护结构技术筑岛。

*自选项目：建造异形人工岛。

确定需求

"工欲善其事，必先利其器"。在海上采用先进的钢圆筒支护结构技术填土筑岛，需要先把钢圆筒插入海床，能担此重任的设备非振锤莫属。

在海上筑岛，需了解海床地质结构和水域自然环境

振锤是什么样子的？工作原理是什么

我观察过，高层建筑多采用柴油锤桩机打桩

……

> **参考资料**
>
> 作为一名工程师，在接受一项筑岛工程项目后，要做的第一件事就是确定筑岛需要满足的条件。只有确定了需要满足的条件，才能明确所要努力解决的问题。

问题聚焦

1. 实地勘测。了解海床地质结构和水域自然环境。运用物理知识和数学工具测量定位钢圆筒，反复展开多项科学实验。

2. 收集资料。观看中国中央电视台播出的《超级工程》之《港珠澳大桥》相关视频，了解筑岛作业全过程。

3. 科学实践。合作探究使普通玩具电机具有振动功能的方法，进一步理解八向振锤的机械结构和工作原理（见表3-1）。讨论如何仿制八向振锤，并完成筑岛作业。

表 3-1 科学实践活动设计

活动名称	活动目标	检测方案	知识概念
揭秘偏心轮	1. 使普通玩具电机具有振动功能。 2. 验证仿制八向振锤的性能	●单机实验 1. 把一个玩具电机平放于桌面上，接通电源，观察并记录现象。 2. 在上述电机轴上粘贴留有2cm尾巴的胶带，平放于桌面上，接通电源，观察并记录现象。 ●共振实验 1. 在立于桌面且边长为12cm的方柱中心垂直固定一根长5cm的自行车辐条。 2. 在边长为12cm的正方形胶合板正面，每边并列固定等距的A、B两个旋转方向相反的电机（头朝外，金属凸轮尾巴垂直向下）。 3. 将上述胶合板正面朝上，中心插入自行车辐条，使其可上下滑动。 4. 所有电机同时接通电源，观察并记录现象	●偏心轮也是凸轮的一种。顾名思义，是指这个轮的旋转重心不在圆中心上，主要目的是产生振动。 ●离心力的定义：由于物体旋转而产生脱离旋转中心的力。 ●力的方向、大小和作用点叫作力的三要素，它们会影响力的作用效果。 ●力的作用效果：1.力可以改变物体的形状，使它发生形变；2.力可以改变物体的运动状态。 ●重力：物体由于地球的吸引而受到的力叫重力。重力的方向总是竖直向下的

4. 聚焦剖析。依据玩具电机的不同表现和数据分析，认真研读参考资料，观察对比蛙式打夯机（见图3-2）和柴油锤桩机（见图3-3）的作业方式，指出蛙式打夯机主要由哪几部分组成，蛙式打夯机与振锤的共同点是什么，蛙式打夯机、柴油锤桩机和振锤三者之间的区别又是什么，确定能否用柴油锤桩机替代振锤完成振沉钢圆筒的任务，说明理由。

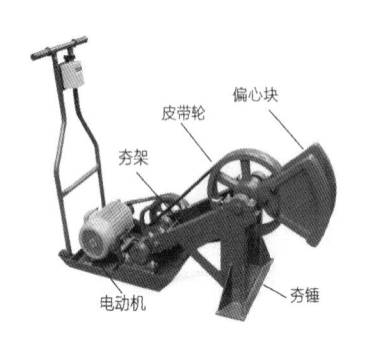

图3-2　蛙式打夯机 　　　图3-3　柴油锤桩机

参考资料

柴油锤桩机由塔架、导向架和桩锤及附属设备组成。桩锤在塔架前面两根平行的有导向作用的竖直导向架之间上下滑动，利用产生的势能做功将桩精准贯入地层。

- 运用数学思维和光学原理才能准确定位钢圆筒
- 用什么方法观察或测试钢圆筒是否垂直插入海床
- 振锤和蛙式打夯机都安装有偏心轮
- 柴油锤桩机在水域难以作业，需要改变思路

制订解决方案

通过观察蛙式打夯机、柴油锤桩机的机械结构，分析工作原理，明白振动器是利用偏心轮在旋转运动时产生离心力而振动这一原理工作的，而柴油锤桩机是通过桩锤上下滑动产生势能做功的。如何把离心力转化为垂直向下的冲击力是我们接下来要探究的课题（见表3-2）。

表3-2　工程设计实践活动

活动名称	挑战目标	设计标准
建设人工岛	仿制振锤，在模拟海域筑岛	●振锤需要具备吊装、振沉钢圆筒两项功能。 ●钢圆筒振沉位置的误差允许在1cm范围内，垂直度偏差控制在3/1000以上。 ●钢圆筒外径18cm、高43cm；40根钢圆筒围成的圆形小岛筑于模拟海域中央；钢圆筒露出水面部分为1cm

从设计标准（见表3-2）可以看出，振锤需要具备吊装、振沉钢圆筒两项功能。目前，首要的任务是想办法把振锤、夹持器和钢圆筒整合在一起。把整理的资料和设想写在笔记本上。

> 一般情况下，振锤都有吸振器装置，具有缓冲作用。

> 振动器由电机、箱体、偏心块、主动轴、从动轴、齿轮组件等组成，其作用是将机械动能转化为势能后做功。

> 夹持器利用电磁铁原理可以夹持钢圆筒。

● 方案设计

具有夹持和振沉钢圆筒功能的方案设计是个系统工程，要求设计的每个环节都要精准。例如，振锤草图使用标准度量单位标明数据；又如，主要起缓冲作用的吸振器涉及的吊滑轮、横梁、竖轴、吸震架等都应标注材质及具体尺寸。图3-4显示的是八向振锤的俯视图及1号锤的正视图和侧视图，供参考。

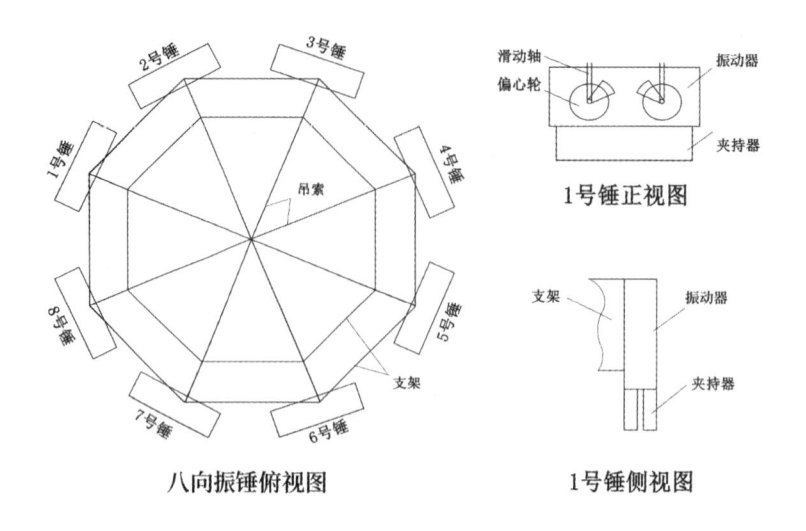

图3-4 八向振锤的俯视图及1号锤的正视图和侧视图

参考资料

振锤振沉钢圆筒过程：振锤装置内的电动机运转时，在偏心块作用下产生高频振动。高频振动通过夹持器作用于钢圆筒上，再由钢圆筒传递给其接触的地层。这样，钢圆筒在振锤高频振动和自重作用下，不断沉入地层。

科学解释

请同学们对振锤的三个组成部分进行反复研究，完善振锤模型方案设计，并对每个部件的作用做出合理解释。

● 交流论证

聆听彼此的想法，对振锤、夹持器和自选吊装方案的有效性和是否满足设计标准和约束条件（技术参数）进行评判，综合分析选择最佳方案进行建模和测试。

1. 设计思路：_____
2. 学科核心知识（或理念）：_____
3. 可行性（工作原理）：_____
4. 创新点：_____
5. 可能遇到的问题及解决方案：_____

参考资料

振锤的工作原理：利用电动机带动成对偏心块做相反转动，使它们所产生的横向离心力相互抵消，而垂直离心力则相互叠加，使齿轮箱垂直上下振动，使钢圆筒不断沉入地层。

科学解释

你认为以上提供的参考资料中，哪些信息对设计制作振锤有帮助，请说出理由。

制作振锤模型

1.制作振锤模型。振锤的制作工序较为复杂，不仅要完成振锤各部件的组装和1号锤到8号锤的标注，还要使夹持器能灵活地夹住钢圆筒。同学们相互协作，遵循方案设计的每个细节，循序渐进。图3-5显示的是学生用乐高产品搭建的振锤振动器模型及结构图，供参考。

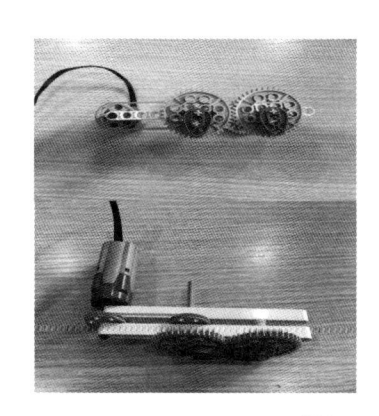

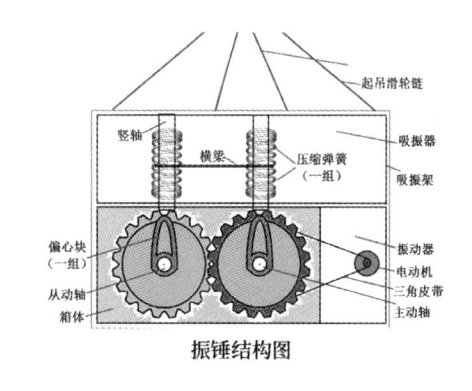

图3-5 振锤振动器模型及结构图（学生作品）

2.记录数据。技术设计过程是将新技术理念逐步转化为最终产品的方法。事实上，振锤技术就是从繁重的人工作业逐步发展形成的一种技术。这个过程包含了工程师们对新技术理念逐步转化的反复实验、验证和改进工作，必然会不断尝试新材料、新方法，将相关信息详细记录（见表3-3）。

表 3-3 材料使用（更换）情况记录表

记录材料使用数据	
工具、材料更换理由	
方案修改依据	
材料和成本清单	
结果满意度	

测试、优化

制作完成振锤模型，用自选吊装设备将钢圆筒吊起直接插入模拟海域，调整八向振锤振动频率，确保钢圆筒垂直下沉固定在海床上。依据设计标准（见表3-2），对钢圆筒振沉位置的误差、垂直度偏差及入水速率等方面进行测试，发现问题及时记录、调整、优化（见表3-4）。

表 3-4 数据采集、问题诊断表

记录测试数据	发现新问题

● 振沉钢圆筒作业

在振沉钢圆筒过程中，各小组成员要各司其职，默契配合，利用自制（或购买）光学设备密切监视钢圆筒的下沉状况，发现有偏离迹象及时调整该方位振锤击打强度，保质保量地完成钢圆筒的振沉任务。

1.测试定位。依据约束条件和设计标准（见表3-2），将圆形小岛筑于模拟海域中央。通过计算得出40个钢圆筒围成一个大圆的外围直径，给每个钢圆筒定位编号。

2.振沉钢圆筒。在吊装设备上安装八个方位的振锤，依次吊起钢圆筒，将其对正位置准确垂直插入海床，等待入泥自沉后，随着"开始振沉"指令的发出，同时

启动八台振锤，振沉系统开始运转。

吊装钢圆筒作业图如图3-6所示。

图3-6 吊装钢圆筒作业图

科学解释

你们小组利用什么光学设备（或自制设备）完成的监测作业？精准度如何？使用依据是什么？

● 填土成岛

小组成员将40根钢圆筒全部振沉到位，验收测试合格后，方可填埋沙土、平整小岛。

☆ 注意施工安全。

● 评估验收

所有小组建造的小岛完成后，请评审专家组依次进行测量，每组数据对应填入表3-5。

表3-5 成绩统计评估验收表

组　别	振沉位置误差/cm	垂直度偏差/%	钢圆筒露出水面部分/cm	小岛直径/m	小岛面积/m²	总　评
A						
B						
……						

●科学判断

测试和重新设计是工程设计的必经之路。任何项目的设计都不可能一蹴而就，唯有在不断测试、改进中，方案才能得以完善，最终选用最优方案实施工程作业。举例说明在完成本项目的过程中，小组在测试、改进环节中涉及哪些内容。

展示与评价

在项目设计过程中，每个小组解决问题的方法不尽相同，而这种思维方式的多样性对于提高同学们解决问题的综合能力具有积极意义。各小组在对作品结构设计及特征（见表3-6）展示的同时，参照"建设人工岛"项目评价量规（见表3-7）和小组自测"三维"活动量规（见表3-8），尝试从不同角度，用多种方式展示小组的设计成果。谈谈其中运用了哪些科学原理，解决了什么关键问题，优、劣势各是什么，做出客观合理的评价。

表3-6 小组作品结构设计及特征

组 别	结构设计	特 点	吊装方案	造 价	备 注
A	四向振锤设计，由4个电机、8个偏心块、4个夹持器、金属架及起吊滑轮链等组装而成	质量较小、振动频率高、振沉速度较快；调整钢圆筒垂直度偏差能力较弱；制作难度大	自制悬臂滑轮组吊装设备	约220元	自购材料与废物利用结合
B	六向振锤设计，由6个电机、12个偏心块、6个夹持器、金属架及起吊滑轮链等组装而成	质量较大、振动频率高、振沉速度快；保持钢圆筒下沉垂直度能力较强；制作难度大	自制悬臂滑轮组吊装设备	约260元	自购材料与废物利用结合
C	手动锤桩机结构，由塔架、导向架和桩锤及牵拉绳等组成	前期水中定位费时，制作难度较小，钢圆筒振沉速度快	八向牵拉定位钢圆筒并保持垂直	约210元	自购材料与废物利用结合

A 小组：_____。

B 小组：_____。

C小组：我们小组的_____环节，比A小组做得更精致，在_____环节做得差一些，_____。

表3-7 "建设人工岛"项目评价量规

项目内容	有待改进（3分）	优秀（4分）	最佳（5分）
设计图	没有按比例绘图，设计图做了部分标注	按比例绘图，设计图做了大部分标注	按比例绘图，设计图所有部分均做了标注，材料单完整
解决方案	没有对振沉钢圆筒过程中可能出现的问题提出应对方案	对振沉钢圆筒过程中可能出现的问题，提有一套应对方案	对振沉钢圆筒过程中可能出现的问题，提有多套详尽的应对方案
限制和约束条件	设计方案中未提到在水下保证钢圆筒准确到位的措施	设计方案中提到在水下保证钢圆筒精准到位的措施	设计方案中提出在水下保证钢圆筒精准到位的措施和应急预案
阐述工程问题	没有使用工程学术语阐述工程问题	使用工程学术语阐述了部分工程问题	使用工程学术语详细阐明了工程问题，完成综述
科学原理	方案设计或展示过程中没有提及科学原理	方案设计或展示过程中运用科学原理	方案设计或展示过程中精准运用科学原理
科学报告	科学报告语言表达较为清晰、用词较为规范	科学报告语言合乎逻辑、表达清晰、用词较为规范	科学报告语言合乎逻辑、表达清晰、简明扼要、用词规范、通俗易懂
分享交流	分享了"建设人工岛"方案设计部分环节的想法	分享了"建设人工岛"方案设计大部分环节的想法	分享了"建设人工岛"方案设计每个环节的想法
……			
☆加分项：鼓励完成具有独立性和创造性的作品			

反思与拓展

在仿制"八向振锤"和振沉钢圆筒过程中遇到的最大挑战是什么？小组在调整振锤力度、保持钢圆筒垂直下沉过程中有何感悟？方案设计的预想效果和实际效果存在哪些差异？

参考资料

钢圆筒支护结构快速筑岛技术中的整套振沉系统，不是简单的八台振锤组拼，而是要求达到振动合力居中，并能均匀、有效地传递到钢圆筒底部。

拓展思维

请同学们积极思考，如何才能使振沉系统的振动合力居中，并均匀、有效地传递到钢圆筒底部。

表 3-8　小组自测"三维"活动量规

维　度	相关同学活动
科学和工程实践：描述了科学家在研究和建构有关自然世界的模型及理论时的行为，以及工程师们在使用设计搭建的模型和系统时一系列关键的工程实践	
提出问题和明确需解决的难题 建构解释和设计解决方案 获取、评估和交流信息	● 完成吊装垂直振沉钢圆筒任务。了解振锤的结构和工作原理，设计制作具有夹持功能的八向振锤。 ● 垂直振沉钢圆筒，八向振锤起决定性作用；利用振锤、夹持器，钢圆筒在动力和自重作用下不断沉入地层。 ● 了解蛙式打夯机、柴油锤桩机的结构及工作原理，分析可否借鉴应用于振沉钢圆筒作业
学科核心概念：涉及物质科学、生命科学、地球与空间科学及工程设计四大领域	
具体学科知识组织中的关键概念 解决问题的关键工具	● 动能转化为势能做功。 ● 钢圆筒被振沉是靠偏心块旋转产生的离心力实现的
跨学科概念：在所有学科领域中均可运用，其本身就表明和体现了在不同学科领域中统一的思维方式	
能量和物质 系统和系统模型	● 通过振锤设计及技术改进，实现能量转化。 ● 设计制作振锤，解释八向振锤与确保钢圆筒垂直下沉的关系

参考文献

[1] 金振蓉. 港珠澳大桥的科技故事 [N]. 光明日报, 2017-12-20(1).

项目二 挑战海底隧道

——在深不见底的海域铺设沉管隧道

背景信息

港珠澳大桥在设计阶段,就面临既要保障远期30万吨游轮的通航能力,又要确保桥塔的高度低于航道处的限高120m。面对这两个相互制约的因素,工程师们想到了建造海底隧道。港珠澳大桥东西人工岛如图3-7所示。

建议活动时间

为期6周,每周2课时。

图3-7 港珠澳大桥东西人工岛

主要术语:
沉管、海底隧道、振捣、立模、吊装

项目进度

第一周	第二周	第三周	第四周	第五周	第六周
项目介绍 研究问题	制订方案 设计论证	挖沟槽铺路基、浇筑沉管	浇筑沉管 测试、优化	吊装沉管 接头合拢	交流评价 反思拓展

学习目标

科 学	数 学	技术/工程
了解海底隧道海域的地理环境和气候条件；熟悉光的反射定律；理解浮力产生的原因	测算每节沉管的长、宽、高及质量；测算沟槽坡度和长度	掌握浇筑沉管技术；理解建设海底隧道工程面临的约束条件；通过工程设计解决建造沉管隧道的实际问题；培养工匠精神，提高解决问题的创新实践能力

活动准备

◇ 项目学习笔记本、草稿纸、笔、卷尺。

◇ 自选混凝土、碎石子、木模板等材料。

◇ 自选挖沟槽、铺路基的工具和材料及吊装方案。

说明事项

◇ 四人以上小组分工协作。

◇ 吊装隧道沉管时，做好防溺水措施。

约束条件

◇ 模拟场景。U 形海域长 671cm、宽 102cm、水深 50cm。

作业难度分级

项目	难度系数☆☆☆☆☆		难度系数☆☆☆		难度系数☆☆	
挑战海底隧道	安装方式	沉管模型	安装方式	沉管模型	安装方式	沉管模型
	机械吊装	21个	自选吊装	13个	手动	7个

项目引入

讨论：在深不见底的海域建造海底隧道除解决浮力大、压强大，以及能见度差等问题外，还要克服哪些困难？

挑战：设计浇筑 21 节沉管，吊装沉管完成"滴水不漏"的海底隧道。

*自选项目：用 3D 打印技术打印沉管，完成海底隧道工程建设。

确定需求

在指定海域建造海底隧道，需要在分析实地测绘数据的基础上，铺设平整的水下路基，设计浇筑沉管，并选择吊装沉管方案。

- 建造海底隧道前，勘测模拟水域的环境，掌握第一手资料
- 走访桥梁施工单位，了解混凝土浇筑工艺
- 浇筑沉管，需要确定立模工具、材料和方法
- 用什么方法可以保证隧道不漏水

问题聚焦

1. 实地测绘。利用自制光学设备，观察了解海底的自然环境，摸清海床地质情况，画出工程地质勘查图纸。

2. 收集资料。观看中国中央电视台播出的《超级工程》之《港珠澳大桥》相关视频，了解海底抛石铺路基、吊装与对接沉管的方法。

3. 科学实践。探究在浮力大、压强大和能见度差的干扰下，浅挖海床沟槽、吊装、对接沉管的水下施工技术（见表 3-9）。

表 3-9　科学实践活动设计

活动名称	活动目标	检测方案	知识概念
吊装与对接沉管实验	●优化沉管对接处方案设计，保障对接处密闭性能良好。 ●优化浅挖沟槽和吊装沉管方案	●在闲置的土地上按1∶1的比例，挖一条海底隧道基槽，基槽挖好后捶打砂桩，铺一层小石子，夯平地基。 ●依序号手动对接沉管，按设计标准要求修正或重新设计浇筑沉管。 ●在模拟隧道基槽中注满水后，用自选吊装方案在水中吊装沉管	●阿基米德原理是指浸在液体中的物体受到向上的浮力，浮力的大小等于它排开的液体所受的重力，用公式表示就是 $G_{浮}=G_{排}$。 ●液体内部压强的特点：液体内部向各个方向都有压强；压强随深度的增加而增加；在同一深度，液体向各个方向的压强相等

4. 聚焦剖析。通过科学实践，同学们对于在海底铺设沉管隧道的施工方法有了一定认知，积累了实践经验。下面，结合参考资料和已掌握的学科知识，具体谈谈在设计方案中可能开发什么系统来确保隧道不漏水。

参考资料

为保障沉管的浮运、安装，工程师们成功地开发并应用了沉管安装深水测控系统、浮运沉放压载水控制系统、沉管对接精调系统、沉管水下运动姿态实时监控系统、气象海况保障系统、浮运拖航控制系统等八大系统，按照标准化流程推进浮运、系泊、沉放、对接作业，完成了全部沉管的安装对接，并使已建隧道滴水不漏。

用混凝土浇筑沉管应该容易些

要想在海底平整地抛石铺路，需先解决能见度差的问题

为了使每节沉管铺上去严丝合缝，路基设计要科学

3D打印的沉管在水中受到的浮力很大，需要加配重才行

制订解决方案

经历聚焦剖析环节，同学们清楚地知道浮力大、压强大和能见度差会对海底抛石铺路和吊装沉管产生不利影响。为此，要做好迎接挑战的准备（见表3-10）。

表3-10 工程设计实践活动

活动名称	挑战目标	设计标准
建造海底隧道	沉管隧道滴水不漏	●沉管隧道总长671cm，分为21节，每节长31cm，宽20cm，高11cm，接头长16cm。 ●沉管对接处密封性能良好。 ●沉管隧道最大埋深为40cm

在观察学习浇筑、吊装沉管等施工技术的同时，依据设计标准（见表3-10），测算与每节沉管相对应的木模板尺寸，形成多个对接、浇筑、吊装方案，写在笔记本上。

> 沉管两端对接处需要设计成阴阳相套的卯榫结构，并辅以垫圈和连接构件。

> 为了更加精准地使沉管对接成功，必须利用潜望镜在沟槽、对接处安置多个观察点。

> 自选吊装方案需要进行多次测试和优化改进……

●方案设计

方案设计要描述浇筑沉管、吊装、合拢等作业要点，画出清晰图样，标注关键部分（见表3-11）。

表 3-11　方案设计范例（概要）

设计方案	草　图	描　述	结果预测
设计方案 1		精确计算每节沉管的尺寸，利用 3D 技术设计建模，打印标准沉管。 材料：PLA 3D 打印耗材	优势：相对于水泥浇筑沉管技术，制作简单、光洁度高、密封性好。 不足：造价高、质量小、浮力大
设计方案 2		利用木模板制作沉管模具，以水泥、沙子、细铁丝为主要材料，浇筑标准沉管	优势：造价低、质量大、便于吊装。 不足：水泥浇筑沉管技术难度大，密封性难以保障

> **参考资料**
>
> 实现沉管无缝对接是铺设海底隧道成败之关键。无论是设计图纸还是浇筑沉管过程，都要一丝不苟地依据碎石铺设基床的弯度，精准计算每节沉管两端对接的倾斜度，并设计相应的卯榫结构。

● 交流论证

对每个方案是否满足设计标准和约束条件（技术参数）进行评判，选择一个（或几个）解决方案进行建模和测试。

1. 设计思路：＿＿＿＿＿＿＿＿＿＿＿＿＿＿＿＿＿

2. 学科核心知识（或理念）：＿＿＿＿＿＿＿＿＿＿＿

3. 可行性（工作原理）：＿＿＿＿＿＿＿＿＿＿＿＿

4. 创新点：＿＿＿＿＿＿＿＿＿＿＿＿＿＿＿＿＿＿

5. 可能遇到的问题及解决方案：＿＿＿＿＿＿＿＿＿

参考资料

港珠澳大桥沉管从第一节开始到最后一节安装完毕,耗时4年。究其原因,其一,团队缺乏海底施工经验;其二,复杂的自然环境给施工带来了巨大困难。

科学解释

同学们在吊装沉管过程中可能会遇到什么问题或困难?谈谈应对措施及其合理性。

浇筑沉管模型

1. 浇筑沉管模型。依据设计标准选用相应标号的水泥、优质沙子和石子,取样实验合格后,按工程要求立模浇筑、养护,输出合格产品(标注E01、E02……),标号待用。图3-8所示的是学生制作的沉管模型,供参考。

图3-8 沉管模型(学生作品)

2. 记录数据。浇筑沉管需要按设计标准把事先捆扎好的钢筋保护层插入预制沉管木模板,现浇混凝土。浇入混凝土的同时,要有序分层振捣,严防漏振或过振;随时检查钢筋保护层和预埋件、预留孔洞等,确保混凝土密实,外露面层平整。整个过程需要做好编号、质量测试等记录(见表3-12)。

表3-12 材料使用(更换)情况记录表

记录材料使用数据	
工具、材料更换理由	
方案修改依据	
材料和成本清单	
结果满意度	

● **抛石平整路基**

由于海底表层存有淤泥，沉管下沉前要清理干净，挖出沟槽，投放小碎石，平整路基（见图3-9）。

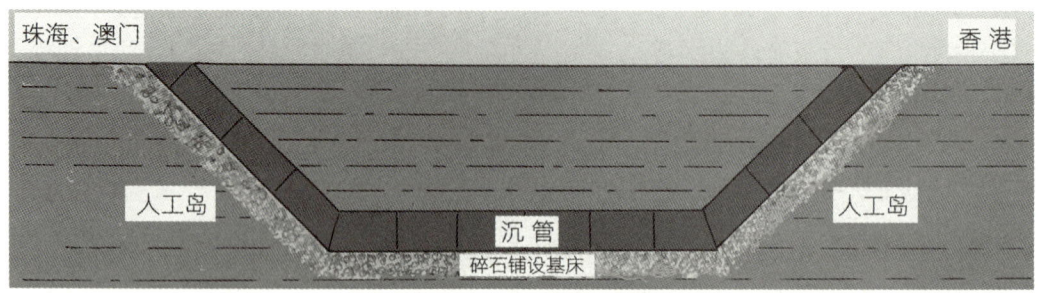

图3-9　抛石平整路基示意图

参考资料

海底隧道与陆地隧道的建设过程有所不同，为避免海底不稳定淤泥影响隧道工程质量，需要先在海底用碎石铺设基床，再在基床上安放沉管隧道。

测试、优化

为保证海底隧道密不透水，安全、稳固，平整坚实的路基和严丝合缝的沉管对接是关键。为此，必须对沉管的排列对接序号，对接处的垫圈、螺丝螺母及防水材料进行多次确认；对路基的平整度、严实度等进行测试，并记录在数据采集、问题诊断表（见表3-13）中，便于及时调整、优化。

表3-13　数据采集、问题诊断表

记录测试数据	发现新问题

●吊装沉管

根据项目设计标准,完成对沉管、路基的测试、优化后,即可把沉管运送至施工地点,依序摆放,开始吊装作业(见图3-10)。同学们各就各位,各司其职,从东(澳门)人工岛出口处开始吊装沉管,确保沉管首尾精准对接。

图3-10 吊装沉管

> **参考资料**
> 在保证安全施工的前提下,利用各种监测手段实时跟踪监测每节沉管吊装安放动态,及时测试记录数据,发现问题及时汇报、及时纠正或提出改进方案,确保按照隧道设计标准依次把每节沉管准确放入海底基槽。

●接头合拢

港珠澳大桥沉管隧道最终接头采用了犹如手风琴(见图3-11)式的"折叠沉管"全新技术,使接头与左右沉管的两端紧密连接(见图3-12)。同学们可以尝试模拟沉管安放和接头合拢。

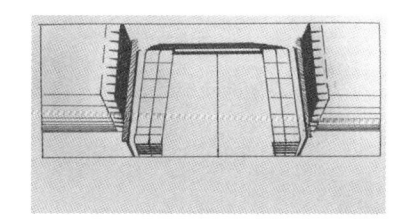

图3-11 手风琴　　图3-12 沉管隧道最终接头示意图

> **参考资料**
> 港珠澳大桥沉管隧道的最终接头重达5000余吨,位于E29和E30沉管之间,是一个巨大的楔形半刚性钢筋混凝土结构,工程师们形象地称之为"三明治"沉管。

展示与评价

前期勘测、平整路基、浇筑沉管、吊装合拢、试车,同学们付出了艰辛劳动,凝聚了智慧。下面,各小组对作品结构设计及特征进行展示(见表3-14),并参考"挑战海底隧道"项目评价量规(见表3-15)和小组自测"三维"活动量规(见表3-16),分享获得的成功经验,客观、理性地评价其他小组的设计成果。

表3-14　小组作品结构设计及特征

组别	结构设计	特　点	吊装方案	造　价	备　注
A	混凝土预制双孔(通道)沉管,对接处用卯榫结构设计(附着橡皮垫)	质量大、稳定性能好;柔性不足;对接处密封性能良好	自制悬臂桥吊设备,完成吊装沉管作业	100元	自选材料
B	3D建模设计打印双孔(通道)沉管,对接处用卯榫结构设计并用螺丝牵制	质量小、柔韧性好,密封性能好;克服浮力对固定沉管的干扰是个难点	自制悬臂桥吊设备,完成吊装沉管作业	200元	自选材料
C	……				

甲:我们用密度高的泡沫板做底模感觉快捷很多_____。

乙:用传统的卯榫工艺设计沉管首尾对接处,保证了滴水不漏,_____
_____。

A小组:我们小组需要改进的是_____,当然在_____
方面做得还是很成功的。

…………

表3-15　"挑战海底隧道"项目评价量规

项目内容	有待改进(3分)	优秀(4分)	最佳(5分)
设计图	未按比例绘图,设计图做了部分标注。	按比例绘图,设计图做了大部分标注。	按比例绘图,设计图所有部分均做了标注。
解决方案	未提及确保沉管"无缝对接"的方法。	提及确保沉管"无缝对接"的一些方法。	提出确保沉管"滴水不漏"的多个可行性方案。
限制条件(水下)	未提及水下观察沉管对接处的问题	提及水下观察沉管对接处的问题	提出水下观察沉管对接处需要采取的措施

续表

项目内容	有待改进（3分）	优秀（4分）	最佳（5分）
阐述工程问题	没有使用工程学术语阐述工程问题	使用工程学术语阐述了部分工程问题	使用工程学术语详细阐明了工程问题，完成综述
沟通方式	工程设计过程用到了一种沟通方式	工程设计过程用到了两种沟通方式	工程设计过程用到了人际互动、口头沟通、视觉沟通、书面沟通等方式
科学报告	科学报告语言表达较为清晰、用词较为规范	科学报告语言合乎逻辑、表达清晰、用词较为规范	科学报告语言合乎逻辑、表达清晰、简明扼要、用词规范、通俗易懂
科学原理	方案设计或展示过程中没有运用科学原理	方案设计或展示过程中部分运用科学原理	方案设计或展示过程中精准运用科学原理
分享交流	分享了"挑战海底隧道"方案设计部分环节的想法	分享了"挑战海底隧道"方案设计大部分环节的想法	分享了"挑战海底隧道"方案设计每个环节的想法
……			

☆加分项：鼓励完成具有独立性和创造性的作品

反思与拓展

回顾小组在"挑战海底隧道"项目过程中存在的不足与经验教训。遇到了什么困惑或困难？找出原因。畅谈在隧道通风、照明、结构、内装、排水、供电等方面的新设想。图3-13所示为隧道智能照明设计电子模块测试。

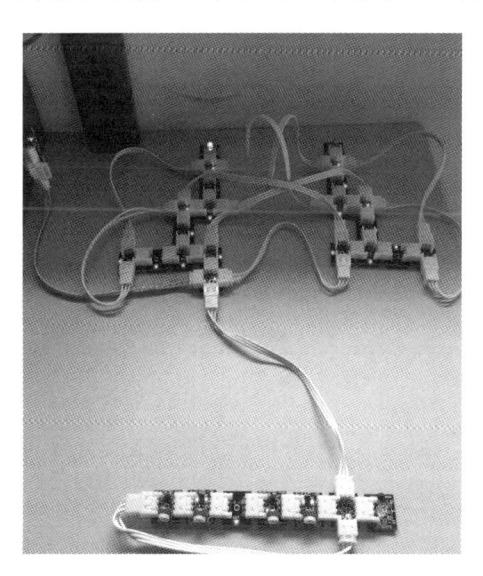

图3-13 隧道智能照明设计电子模块测试

参考资料

对于初步接触STEAM项目的同学而言，反思环节尤为重要。无论是在问题聚焦、方案设计，还是制作模型，测试、优化等过程中，经常会有许多意想不到的事件发生，或是与之前的设计思路有冲突，需另辟蹊径，或是选择的材料不符合工程要求，需要替换新材料等。

拓展反思

请指出在伶仃洋航道建造海底隧道的限制与约束。

表3-16 小组自测"三维"活动量规

维　度	相关同学活动
科学和工程实践：描述了科学家在研究和建构有关自然世界的模型及理论时的行为，以及工程师们在使用设计搭建的模型和系统时一系列关键的工程实践	
提出问题和明确需解决的难题 利用数学和计算思维	●建造海底隧道，要求沉管对接处滴水不漏。 ●通过计算绘制出每节沉管的浇筑图纸，确保对接无误
学科核心概念：涉及物质科学、生命科学、地球与空间科学及工程设计四大领域	
优化设计方案 解决问题的关键工具	●建造、测试和改进海底隧道。 ●沉管对接处利用卯榫技术设计，提高沉管对接处的密封性能
跨学科概念：在所有学科领域中均可运用，其本身就表明和体现了在不同学科领域中统一的思维方式	
模式 系统和系统模型	●设计浇筑沉管，吊装，完成隧道建设，测试隧道的密封性能。 ●根据海底建造隧道不能漏水的要求改进设计。可以改变沉管对接处的形状、组合方式或运用的材料等，以达到自己的预期效果

参考文献

[1]传感器专家网.智能挖泥船采用传感器实现对沉管隧道基槽的精挖施工[EB/OL].（2019-06-28）. https://www.sensorexpert.com.cn/article/1414.html.

项目三 一桥飞架三地

——能承受大风袭扰的跨海大桥设计任务

背景信息

港珠澳大桥(见图3-14)全长55km，东连香港，西接澳门、珠海，是继三峡工程、青藏铁路之后，我国又一重大的基础设施项目，被誉为中国桥梁建筑史上技术最复杂、环保要求最高、建设标准最高的"超级工程"。

建议活动时间

为期8周，每周2课时。

图3-14 港珠澳大桥

主要术语：
桩基、墩台、荷载、预应力、共振

项目进度

第一周	第二周	第三周	第四、五周	第五周	第六周
项目介绍 研究问题	制订方案 设计论证	建立模型 检测优化	浇筑 桩基、桥墩	浇筑桥梁 上梁、护栏	展示评价 反思拓展

学习目标

科 学	数 学	技术 / 工程
了解建造跨海大桥海域的地质环境；理解物体二力平衡原理；逐步形成用科学知识、方法和态度解决社会问题的意识，提高科学素养	测算双桥墩之间的净跨度和主梁的质量	了解建造跨海大桥的技术；理解建造跨海大桥面临的约束条件；通过工程设计建造跨海大桥；在解决问题时尝试应用科学研究方法，提高创新实践能力

活动准备

◇ 项目学习笔记本、草稿纸、笔、卷尺。

◇ 自选混凝土、铁丝、木模板等建桥工具和材料。

说明事项

◇ 四人以上小组分工协作。

◇ 浇筑桩基桥墩、吊装主梁时，做好防溺水措施。

◇ 自选架梁吊机方案等。

约束条件

◇ 模拟场景。建造长256cm、宽103cm、深40cm的海域，水深20cm。

◇ 跨海大桥为南北走向，主要受来自西北方向季风的影响。

作业难度分级

项目	难度系数 ☆☆☆☆☆		难度系数 ☆☆☆		难度系数 ☆☆	
一桥飞架三地	安装方式	单跨度	安装方式	单跨度	安装方式	单跨度
	架梁吊机	78cm	自选吊具	59cm	手动	56cm

项目引入

讨论：谈谈跨海大桥的桥墩是如何在海里建造的，"基建狂魔"架梁吊机又是怎样工作的。

挑战：模拟建设跨海大桥（直桥或弯桥）。

*自选项目：自制架梁吊机设备，完成架桥任务。

吊装钢箱梁作业如图3-15所示。

图3-15　吊装钢箱梁作业

确定需求

建设跨海大桥，小组成员需要前期多次进行现场勘察调研，测绘水深及建桥所需的高度和跨度等。在分析海底环境、海床状况、气候变化、材料选择、施工难度等基础上，制订多种可行方案。

建造跨海大桥的难度在于看不清水下的情况

跨海大桥需要稳固的桩基和坚实的墩台

建造桥墩有哪些方法

……

问题聚焦

1.实地勘察。利用自制光学设备,观察了解建造跨海大桥水域的地质环境,测量河流宽度,估算跨海大桥的长度,绘制该水域的地形地貌及桩基位置。

2.收集素材。观看中国中央电视台播出的《超级工程》之《港珠澳大桥》相关视频,了解建造跨海大桥和在陆地建桥的异同。

3.科学实践。运用力学知识和已有生活经验,探究浇筑桩基、墩台的科学方法(见表3-17)。

表3-17 科学实践活动设计

活动名称	活动目标	检测方案	知识概念
挑战浇筑桩基、墩台	●验证水下桩基、墩台的稳定性和浇筑技术。 ●桥梁承载能力极限实验	●浇筑桩基、墩台 (1)在空地上挖一个深40cm、长40cm、宽30cm的水坑,水深20cm。 (2)用自制高40cm、长10cm、宽8cm的长方体木模,垂直插入水坑中心的泥床;抽去木模内的水,继续下挖20cm。木模随之下沉,使其上端与水面持平。 (3)将捆扎好的铁丝护网垂直插入木模中(护网需要高出水面3cm),边浇筑混凝土边振捣,直到桩基与水面同高。同理,上模、浇筑墩台、桥墩。牵拉桥墩顶至偏离,记录拉力数据。 ●桥梁承载能力极限实验 (1)浇筑长80cm,宽16cm、厚1cm、2cm、3cm、4cm的梁板。 (2)地面摆放相距50cm的两张桌子,将浇筑好的梁板水平架在两桌之上,使桥梁不能移动。 (3)在梁板中间吊一个空桶,向桶中倒入沙子,直到梁板向下弯曲1cm。称量桶和沙子的总质量,并记录实验数据。 (4)将两张桌子彼此靠近或拉大距离,重复四个厚度梁板的承载实验,记录数据。	●垂直压在物体表面上的力叫压力。 ●如果一个物体在两个力的作用下处于平衡状态,那么这两个力是相互平衡的,简称二力平衡。 ●质量均匀分布的物体,重心的位置与物体的形状有关。如果物体形状规则,则它的重心就在几何重心上。 ●当驱动力的频率跟物体的固有频率相等时,受迫振动的振幅最大,这种现象叫共振

4. 聚焦剖析。通过浇筑桩基、墩台实践活动及桥梁承载能力极限实验,懂得了大桥的稳定性和承载能力与桩基、墩台的结实程度,梁板厚度及宽度有密切关联。结合参考资料和以上实验,从力学角度谈谈你设计的桥墩桩基深度大约需要多少米。

> **参考资料**
>
> 建造跨海大桥,先要浇筑稳固的桩基。为保证建好后的桥墩足够坚固,桩基往往需要打进海床岩石层百米。桥墩类型和墩台大小需要精准测算、论证后确定(见图3-16)。

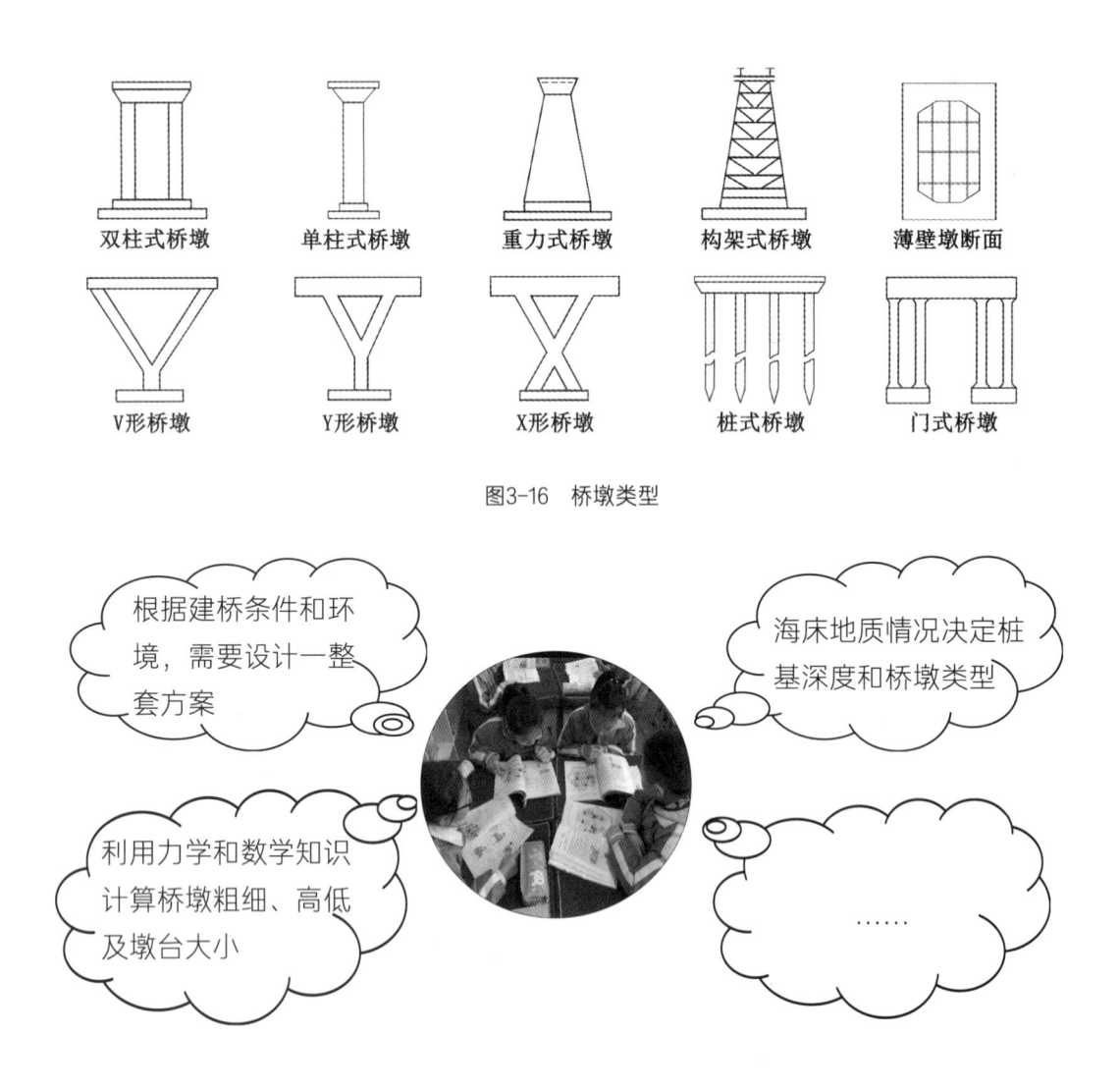

双柱式桥墩　单柱式桥墩　重力式桥墩　构架式桥墩　薄壁墩断面

V形桥墩　Y形桥墩　X形桥墩　桩式桥墩　门式桥墩

图3-16　桥墩类型

- 根据建桥条件和环境,需要设计一整套方案
- 海床地质情况决定桩基深度和桥墩类型
- 利用力学和数学知识计算桥墩粗细、高低及墩台大小
- ……

制订解决方案

通过完成上述科学实践（见表3-17）和聚焦剖析，基本掌握了浇筑桩基技术，懂得了桥梁跨度的大小对桥梁的承载能力有着决定性的作用。接下来，进入工程设计实践环节（见表3-18）。

表 3-18　工程设计实践活动

活动名称	挑战目标	设计标准
建设跨海大桥	跨海大桥稳定性好、承载力强	● 架设总长为 260cm 的海上双跨墩桥。跨度为 78cm，单柱式桥墩高 20cm。 ● 建设跨海大桥的主要材料是混凝土、铁丝。 ● 桥梁承载能力设计在 15kg 以上（负载自重比最高者胜）

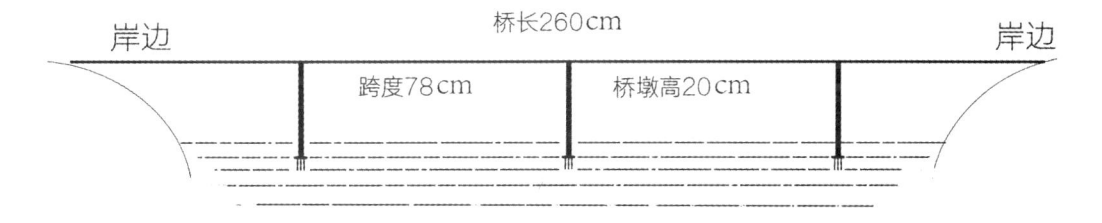

图3-17　双跨墩桥示意图

依据设计标准（见表3-18），参照双跨墩桥示意图（见图3-17），分析前期勘探数据，测算出桩基深度、墩台大小、桥墩宽度及梁板厚度和宽度，在此基础上计算模板和钢笼尺寸，提出想法或解决方案，写在笔记本上。

> 计算桥梁的强度和稳定性时，需要考虑作用在桥梁上的风力。横向风力为横向风压乘迎风面积。

> 梁板一般为空心支架结构，力求在满足承载力的情况下，减轻自重。

> ……

●方案设计

建造跨海大桥是系统工程，应根据公路功能、等级、通行能力及抗洪防灾要求，结合水文地质环境、洋流方向和风向及强度等条件进行综合设计，确保方案设计的可行性和科学性。设计图的所有部分均应做标注，材料和成本清单要清晰完整，如表3-19所示。

表3-19 方案设计范例（概要）

方　案	描　述	材　料
总体设计方案	桥梁设计程序：前期工作（工程可行性和科学性论证）、初步设计、技术设计、施工设计。桥梁设计遵循安全、适用、经济、美观和环保的原则	
建造桩基方案	将预先建造的沉井（横断面为矩形、顶底敞开的井筒）放入水中，抽去沉井内部的水和淤泥，一直放到海底岩石层，用专用设备进行打桩作业，放置钢笼之后浇筑水泥至需要的高度	沉井、混凝土、钢笼
梁板预制方案	略	
架梁设备和方案	略	

参考资料

建造跨海大桥需要工程师和科研人员了解掌握桩基、梁板、架梁设备等的耗能情况，针对约束与标准进行反复测试分析。

科学解释

你们小组计划用什么材料制作沉井？用技术数据解释其科学性。

●交流论证

在对总体设计方案、建造桩基方案、梁板预制方案、架梁设备和方案等是否满足设计标准和约束条件（技术参数）进行评判时，要从安全、适用、经济、美观和环保的角度出发，同时兼顾方案设计的具体细节，以及应对问题提出解决办法。综合分析后，选择最佳方案进行建模、测试。

1. 设计思路：_____
2. 学科核心知识（或理念）：_____
3. 可行性（工作原理）：_____
4. 创新点：_____
5. 可能遇到的问题及解决方案：_____

> **参考资料**
>
> 交流论证环节：（1）提出科学问题，定义工程问题；（2）开发与使用模型；（3）规划与研究；（4）分析和解释数据；（5）应用数学思维和计算思维；（6）建构科学问题的解释，对工程问题的解决方案等进行全面阐述。

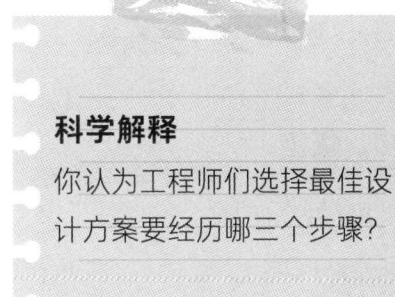

科学解释
你认为工程师们选择最佳设计方案要经历哪三个步骤？

制作跨海大桥模型

1.制作跨海大桥模型。跨海大桥在制造、运输、安装和使用过程中，应具有规定的强度、刚度、稳定性和耐久性，必要时在进出口处设置减冲、防冲设施。在施工过程中，同学们一定要遵循最终设计方案的具体细节，分工协作，精益求精地完成作业。图3-18 显示的是学生浇筑的桥梁模型，供参考。

图3-18 浇筑的桥梁模型（学生作品）

2.记录数据。建模过程是分析设计方案中存在的问题并寻求改进方法的过程。木模组装是否对号入座，操作是否规范，浇筑的混凝土是否达标，桥面铺装是否有完善的桥面防水、排水系统，墩台是否设有围栏、水尺或标志等，都需要及时记录反馈(见表3-20)。

表3-20 材料使用(更换)情况记录表

记录材料使用数据	
工具、材料更换理由	
方案修改依据	
材料和成本清单	
结果满意度	

测试、优化

跨海大桥的安全关系着千家万户。在满足安全、适用的前提下,应考虑经济、美观及环保要求。建桥前,工程技术人员要以科学严谨的态度对设计方案进行严格、细致的反复验证。测试数据逐项记录在数据采集、问题诊断表(见表3-21)中,对发现的问题和不足进行改进,最终把最优方案送到现场施工技术人员手中。

表3-21 数据采集、问题诊断表

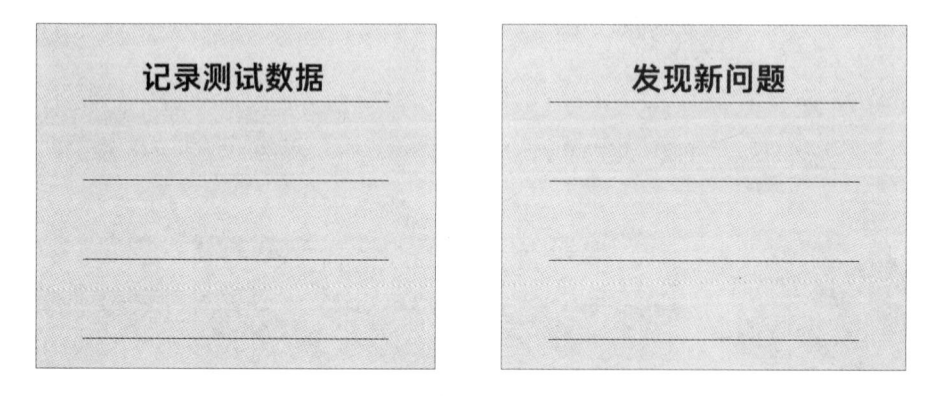

记录测试数据	发现新问题

● 浇筑桩基

桩基由若干根桩和桩顶承台组成(见图3-19),是一种常用的深基础,大多采用钢筋混凝土桩。配比混凝土作业如图3-20所示。当墩台位置处的软弱覆盖层较厚、持力岩层较深时,桩基可穿过软弱覆盖层支承于撑力岩层上。

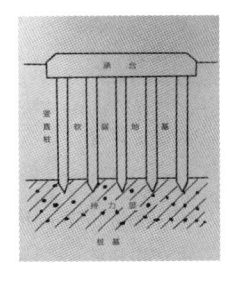

图3-19 桩基示意图　　图3-20 配比混凝土作业

参考资料

桩基浇筑混凝土的步骤：清理孔道、吊装钢筋笼（见图3-21）、下穿导管、安装料斗、连续灌混凝土、测量孔深、拆除导管、浇筑完成。

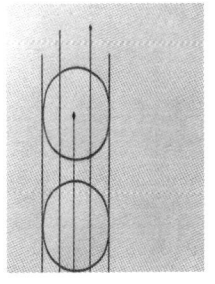

图3-21 吊装钢筋笼

● 浇筑桥墩

在模拟海域场景中浇筑桩基桥墩，要求桥墩20cm，桩基等其他尺寸根据实际情况而定。图3-22为浇筑预制件。

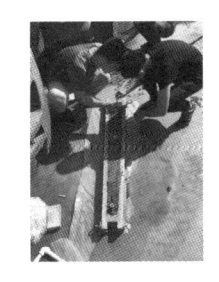

图3-22 浇筑预制件

参考资料

混凝土浇筑是在模板、钢筋、预埋件及导管等全部安装完毕，经验收符合设计要求之后，将混凝土浇筑入模直至塑化的过程。

● 预制箱梁

箱梁模板依据设计标准和约束条件预制（见图3-23）。桥墩20cm、跨度为78.49。

●架梁安装

架梁安装前的准备工作：（1）预制箱梁的安全性验算；（2）架设安装设备安全性验算。为保证架设安装工作的安全，应按架设安装的荷载及规范验算自选架设安装设备和相应的临时构造物的强度、刚度和稳定性。以下是吊装桥梁基座、架梁机作业和运梁车"喂"梁作业（见图3-24、图3-25、图3-26）。

图3-23　制作箱梁模板

图3-24　吊装桥梁基座　　　图3-25　架梁机作业　　　图3-26　运梁车"喂"梁作业

●科学判断

跨海大桥的荷载指什么？强度、刚度和稳定性又指什么？这些内容与什么学科知识有密切关联？

展示与评价

组装完成后，各小组代表对作品结构设计及特征进行展示说明（见表3-22），并参考"一桥飞架三地"项目评价量规（见表3-23）和小组自测"三维"活动量规（见表3-24）分享最终的成果，客观、公正地评价其他小组的设计成果和个人表现。

表 3-22 小组作品结构设计及特征

组 别	结构设计	特 点	吊装方案	造 价	备注
A	现浇单柱式桥墩，预制T梁，由2片大桥梁板、3个桥墩、8块橡胶抗震阻尼支座等组成	用料少、体积小；有较好的稳定性和抗风袭扰能力，承载能力强	自制悬臂桥吊设备，完成吊装T梁作业	100元	自购、自选材料
B	现浇重力式桥墩，预制T梁，由2片大桥梁板、3个桥墩、8块橡胶抗震阻尼支座等组成	用料多、重心低；稳定性能好，具有强抗风袭扰能力和良好的承载能力	自制悬臂桥吊设备，完成吊装T梁作业	120元	自购、自选材料
C	……				

甲：我们在桥上设有防火、照明和导航设备及养护工房、库房和守卫房等。

乙：从实践经验看，用架梁机架梁应该比吊装更快捷、安全一些＿＿＿＿＿＿＿＿＿＿＿＿＿＿＿＿＿＿＿＿＿＿＿＿＿＿＿＿＿＿＿。

A小组：我们小组注意到了桥梁结构因温度作用引起外加变形，＿＿＿＿＿＿＿＿＿＿＿＿＿＿＿＿＿＿＿＿＿。

…………

表 3-23 "一桥飞架三地"项目评价量规

项目内容	有待改进（3分）	优秀（4分）	最佳（5分）
设计图	未按比例绘图，设计图做了部分标注	按比例绘图，设计图做了大部分标注	按比例绘图，设计图所有部分均做了标注
阐述工程问题	未使用工程学术语阐述工程问题	使用工程学术语阐述了部分工程问题	使用工程学术语详细阐明了工程问题，完成综述
解决方案	没有切分问题并提出解决方案	切分问题，解决方案描述不到位	切分问题，解决方案描述详尽、到位

续表

项目内容	有待改进（3分）	优秀（4分）	最佳（5分）
架梁设备	设计方案未提及桥式架梁技术及设备	设计方案提及桥式架梁技术及设备，但仅限于纸面上	设计方案对桥式架梁技术及设备进行了详细阐述，并有样品模型
科学报告	科学报告语言表达较为清晰、用词较为规范	科学报告语言合乎逻辑、表达清晰、用词较为规范	科学报告语言合乎逻辑、表达清晰、用词规范、通俗易懂
科学原理	方案设计或展示过程中没有运用科学原理	方案设计或展示过程中部分运用科学原理	方案设计或展示过程中精准运用科学原理
分享交流	分享了"跨海大桥"方案设计环节的一些想法	分享了"跨海大桥"方案设计环节的很多想法	分享了"跨海大桥"方案设计环节的全部想法
……			
☆加分项：鼓励完成具有独立性和创造性的作品			

反思与拓展

小组搭建的跨海大桥的稳定性、承载能力如何？对比研究小组初始方案和最终方案的异同，分析原因。说说小组自选的架梁设备完成作业情况，反思不足，分享成功经验。

参考资料

架桥机就是将预制好的梁板放置到桥墩上的设备。架桥机属于起重机范畴，其主要功能是将梁板提起，运送到指定位置，准确落入卡槽。

科学解释

架梁主要有吊式架梁、桥式架梁两种方式，你们小组使用的是哪种方式？

表 3-24　小组自测"三维"活动量规

维　度	相关同学活动
科学和工程实践：描述了科学家在研究和建构有关自然世界的模型及理论时的行为，以及工程师们在使用设计搭建的模型和系统时一系列关键的工程实践	

续表

维　度	相关同学活动
提出问题和明确需解决的难题 设计和实施调查研究	● 跨海建桥。实地勘测，浇筑稳固的桩基、墩台是跨海建桥的关键。 ● 经过实地勘测、无数次的承载及大风袭扰模拟实验，设计出符合设计标准的建桥方案
学科核心概念：涉及物质科学、生命科学、地球与空间科学及工程设计四大领域	
自然灾害 优化设计方案	● 设计并建造能承受大风袭扰的跨海大桥。 ● 建造、测试和改进跨海大桥
跨学科概念：在所有学科领域中均可运用，其本身就表明和体现了在不同学科领域中统一的思维方式	
原因与结果 系统和系统模型	● 测试大桥模型，以确定模拟大风和承载对于大桥的影响。 ● 设计建造海上大桥模型，使用跨海大桥模型，测试大风的影响

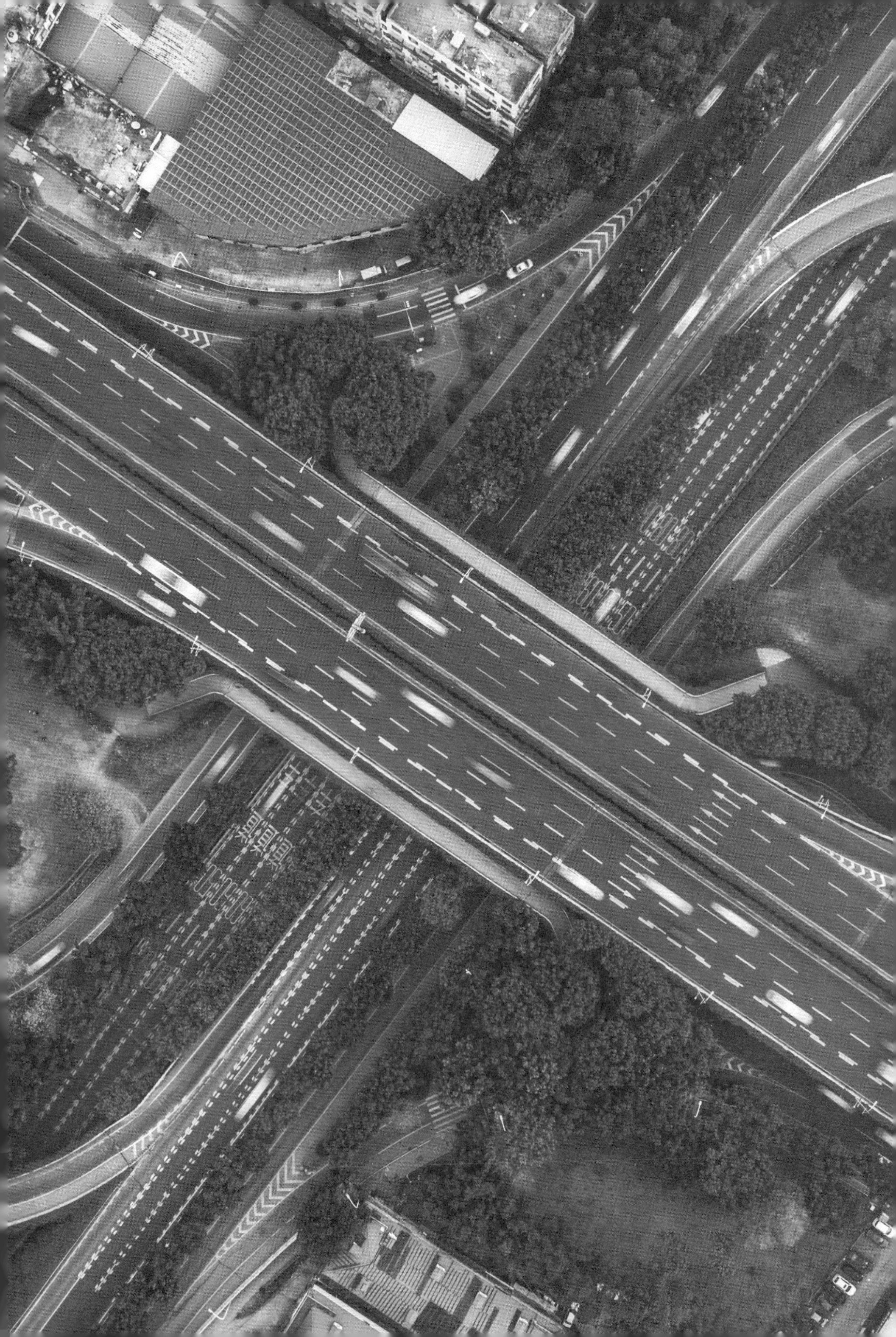

第四单元　中国路

我国地形复杂多样，山区面积广，大江小河星罗棋布，"逢山开路""天堑架桥"成为公路建设和铁路建设很难绕开的一道坎。

基于STEAM项目的学习要求，为了挖掘驱动性问题的深度，该单元提出了"逢山开路""天堑变通途""助力'一带一路'"三个项目。具体如下：（1）"逢山开路"项目，学生要在查阅学习、科学实践的基础上，设计制作盾构机，尝试在模拟山体中打通公路隧道，值得一提的是，盾构机需要按照不同的地质情况进行"量体裁衣"式的设计制造，这给项目增加了不小的难度，也给参与者提供了广阔的想象和实践空间；（2）"天堑变通途"项目，学生要模拟在悬崖绝壁间用一次性木筷搭建加劲梁、用混凝土浇筑索塔，架设具有一定抗风袭扰能力和承载能力的稳定性能良好的悬索高桥；（3）"助力'一带一路'"项目，学生要建设跨越千山万水的铁路系统，联通中欧，畅通"丝绸之路"。

项目一 逢山开路

——挑战先进技术 利用盾构机打通公路隧道

背景信息

西藏的米拉山隧道被称为世界上海拔最高的公路特长隧道,平均海拔近5000m。这里地质复杂,高山缺氧,常年雪花纷飞。在隧道开挖过程中,被誉为"基建狂魔"的盾构机起到了决定性作用。

车辆驶入隧道如图 4-1 所示。

建议活动时间

为期 6 周,每周 2 课时。

图4-1 车辆驶入隧道

主要术语:
盾构机、开挖切削土体、输送渣土、拼装隧道衬砌、测量导向纠偏、弱扰动

项目进度

第一周	第二周	第三周	第四周	第五周	第六周
项目介绍 研究问题	制订方案 设计论证	制作盾构机模型	制作盾构机模型	组装模型 测试、优化	展示评价 反思拓展

学习目标

科　学	数　学	技术/工程
了解模拟山体的土质结构；熟悉压强相关知识；理解物体在力的作用下运动的变化	用合适的工具测算盾构机作业进度、单位时间内开挖切削土体的质量	了解盾构机的机械结构和工作原理；学习盾构机技术，通过工程设计制造简易盾构机，解决主体自主推进、开挖切削土体、输送渣土的实际问题

活动准备

◇项目学习笔记本、草稿纸、笔、卷尺。

◇钢圆筒、9V 直流电机、铁片、锉刀、钳子、螺丝、泥沙、碎石子等。

说明事项

◇四人以上小组分工协作。

◇使用电源及切削金属时，注意做好防护措施。

约束条件

◇模拟用沙土堆砌高 105cm 以上的"米拉山"或寻找合适的土丘。

◇隧道直径 20cm，长 101cm 以上。

作业难度分级

项　目	难度系数☆☆☆☆☆		难度系数☆☆☆☆		难度系数☆☆☆	
	机械功能	作业	机械功能	作业	机械功能	作业
逢山 开路	削土、输送、安装管片	智能编程	削土、输送	无线遥控	削土、输送	有线遥控

项目引入

讨论：谈谈你所了解的盾构机和打通公路隧道的方法等。

挑战：设计制作一种具有主体自主推进、开挖切削土体、输送渣土三项功能的简易盾构机。

*自选项目：利用编程和超声波传感技术实现盾构机的部分自主功能。

确定需求

随着社会的不断发展及人民需求水平的日益提高，公路隧道作为公路工程的重要组成部分，对施工速度和质量的要求较高。这就需要设计制造更为先进的适于在不同地质山体中开挖隧道的工程设备。

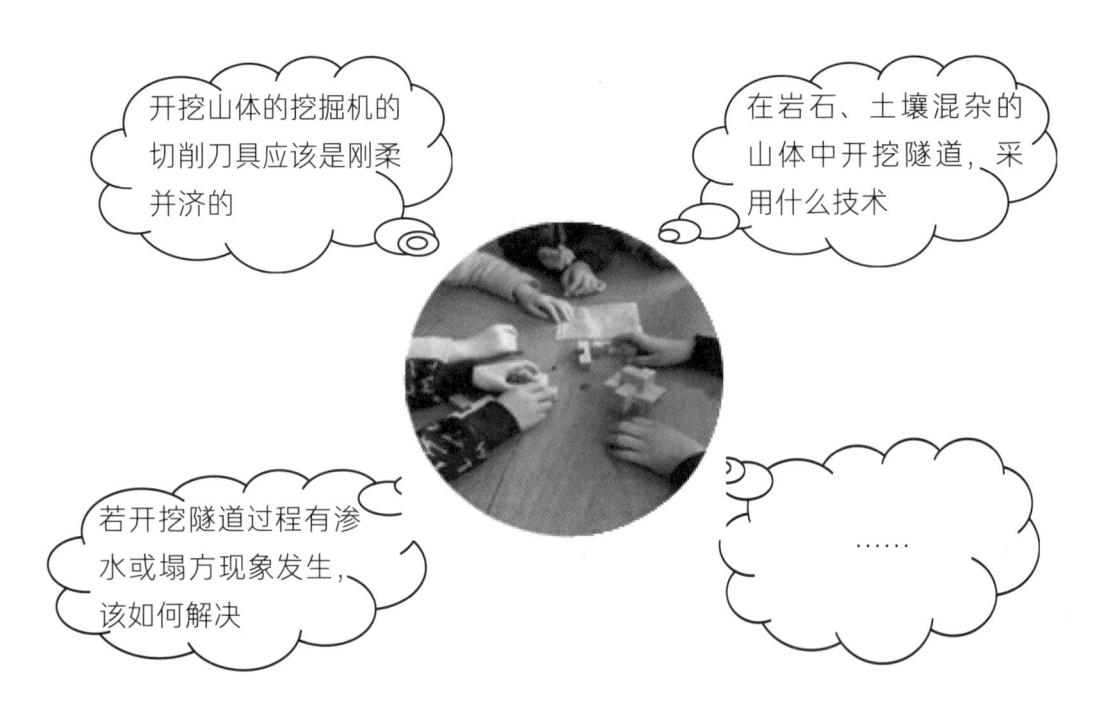

> 开挖山体的挖掘机的切削刀具应该是刚柔并济的

> 在岩石、土壤混杂的山体中开挖隧道，采用什么技术

> 若开挖隧道过程有渗水或塌方现象发生，该如何解决

> ……

问题聚焦

1. 实地勘察。同学们到开挖隧道实地了解其地理环境和土质状况，思考用什么方法能打通隧道。

2. 收集资料。围绕"盾构机"这个关键词通过网络收集相关资料，观看中国中央电视台播出的《超级工程》之《中国路》的相关视频，专注盾构机的结构特征和工作原理。盾构机生产线如图4-2所示。

3. 科学实践。合作探究盾构机的结构原理和开挖隧道的科学方法（见表4-1）。

图4-2 盾构机生产线

表4-1 科学实践活动设计

活动名称	活动目标	检测方案	知识概念
体验开挖切削工具和切削效果	优化开挖切削土体的方案设计	●在微型手电筒上固定一个1.5V的直流电机，电机轴上装一组用铁片制成的似电风扇叶片的切削片。手持电筒，打开开关，在土墙上打孔，体验开挖切削土体的效果和用力过程，思考渣土的收集和运送方法	●力矩在物理学中是指作用力使物体绕着转动轴或支点转动的趋向。转动力矩又称为转矩或扭矩。例如，在功率固定的条件下，力矩与电动机转速成反比关系，转速越快，扭矩越小，反之则越大。 ●滑动摩擦力：两个相互接触的物体相对滑动时，在接触面上会产生一种阻碍相对运动的力

4. 聚焦剖析。观看盾构机作业视频，认真研读以下参考资料和盾构机切削头（见图4-3），观察"去毛净"收集盒（见图4-4），剖析盾构机实现"主体自主推进、开挖切削土体、输送渣土"的作业过程。

图4-3 盾构机切削头　　图4-4 "去毛净"收集盒

参考资料

盾构机又被称作"工程机械之王"，其技术水平是衡量一个国家地下施工装备制造水平的重要标志。简而言之，盾构机的工作原理就是在隧道中用顶端刀盘将石块、土层切削，再用螺旋机将泥土抽出至皮带上运出，最后组装事先制作好的管片，用以支撑隧道防止坍塌。

> 实地勘测很有必要，决定盾构机切削刀具材质的选用

> 我发现盾构机切削头和水果削皮器有类似结构

> 实现开挖切削土体、送出渣土两个功能，最少需要两个电机

> ……

制订解决方案

完成科学实践活动（见表 4-1）和聚焦剖析后，明白了驱动电机产生的刀盘扭矩和刀具形态的设计对盾构机开挖切削土体的作业效率有直接影响，这将对接下来的工程设计实践环节产生积极意义（见表 4-2）。

表 4-2　工程设计实践活动

活动名称	挑战目标	设计标准
盾构机作业	利用盾构机打通山体隧道	● 盾构机至少具有主体自主推进、开挖切削土体、输送渣土三项功能。 ● 盾构机作业过程执行遥控指令。 ● 隧道直径 20cm，长 101cm 以上

对于设计制作盾构机的同学来说，科学知识和生活经验同样宝贵。此时，需要与生活相联系，开展头脑风暴，形成切合实际的想法或新型设计方案，写在笔记本上。

> 基于对模拟隧道土质的勘探数据分析，我们认为盾构机切削刀具最好用合金材料。

> 隧道直径要求是 20cm，盾构机的筒体直径需要把管片厚度计算在内。

> 在前期勘探过程中发现软塑土质，易于挖掘……

●方案设计

现代盾构机最突出的特点就是"量体裁衣",即根据开挖隧道不同土质的需求有针对性地制造或采用不同的盾构机。例如,根据隧道直径的大小、复杂的土体要求,设计尺寸合适的刀盘,使用不同质地的刀具。

请依据实地勘探数据分析,设计盾构机方案,绘图要整洁清晰,能准确反映盾构机各个部件之间的关联。挤压式盾构机结构原理图如图4-5所示。

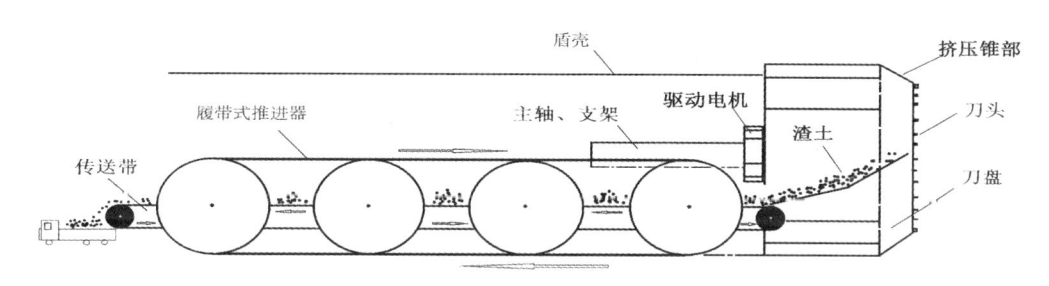

图4-5 挤压式盾构机结构原理图

设计思路:根据勘探数据分析得知,山体主要由软塑土质组成,加之隧道直径较小,我们有针对性地设计了挤压式盾构机。

组成部分:锥形刀盘、刀具、变速齿轮组、驱动电机、主轴、履带式推进器、传送带、盾壳等。

工作原理:驱动电机通过减速器带动大小齿轮、主轴使刀盘旋转。履带式推进器推动盾构机主体前行,刀盘开挖切削,锥形头部挤压稳固周边泥土,传送带将渣土运送出去。这样盾构机通过的地方就形成一条中空通道,管片安装加固由人工完成。

参考资料

工程技术的关键是设计。例如,设计的是盾构机,那就要提供有盾构机刀盘、管片等部件的详细尺寸和使用标准度量单位的图纸。

科学解释

"去毛净"收集盒主要由哪几部分组成?对你设计盾构机有何启示?和"跑步机"组合能达到什么效果呢?

●交流论证

在交流论证互动中,要关注细节,要勇于对已发现和新发现问题的解决方案提出质疑。小组成员对每个方案是否满足设计标准和约束条件(技术参数)进行评判,选择最优方案进行建模和测试。

1. 设计思路:＿＿＿＿＿＿＿＿＿＿＿＿＿＿＿＿＿＿
2. 学科核心知识(或理念):＿＿＿＿＿＿＿＿＿＿＿＿
3. 可行性(工作原理):＿＿＿＿＿＿＿＿＿＿＿＿＿＿
4. 创新点:＿＿＿＿＿＿＿＿＿＿＿＿＿＿＿＿＿＿＿
5. 可能遇到的问题及解决方案:＿＿＿＿＿＿＿＿＿＿

参考资料

科学技术的进步和经验的不断积累,促进了工程设计方案的不断更新。因此,工程项目实施过程中发现问题、提出假设、设计实验、数据收集、交流论证、解决问题和产品优化,每个环节都显得尤为重要。

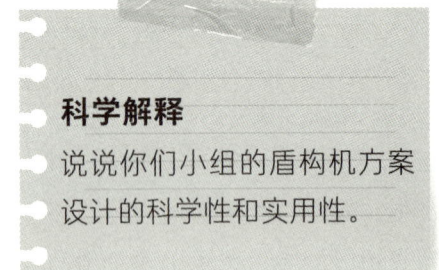

科学解释

说说你们小组的盾构机方案设计的科学性和实用性。

制作盾构机模型

1. 制作盾构机模型。图4-6所示的是学生设计的盾构机切削头、输送带模型。要真正实现主体自主推进、开挖切削土体、输送渣土三项功能,需要每位小组成员分工协作,严格按照最终设计的具体细节,用心建模。

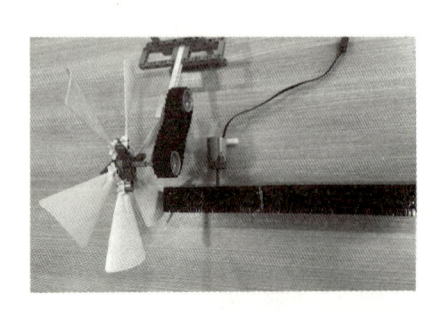

图4-6 盾构机切削头、输送带模型(学生作品)

2.记录数据。盾构机的制作难度大,是因为山体土质成分多样、开挖环境复杂,可能会遇到坚硬的石头或容易塌方的松散土质,或有渗水等现象发生。这就对盾构机的刀具和密封性提出了更高的要求。将刀具更换理由、主体推进速度、开挖切削土体、输送渣土方案修改等,记录在表4-3中。

表4-3 材料使用(更换)情况记录表

记录材料使用数据	
工具、材料更换理由	
方案修改依据	
材料和成本清单	
结果满意度	

测试、优化

盾构机模型完成后,将盾构机沿隧洞轴线摆放于待开挖的山体前。按下启动按钮,观察盾构机主体自主推进,刀盘旋转开挖切削土体和输送带输出渣土的作业情况。记录员实事求是地将测试数据和出现的问题及时记录在数据采集、问题诊断表(见表4-4)中,为进一步优化或重新设计方案提供真实可靠的第一手资料。隧道内部场景如图4-7所示。

图4-7 隧道内部场景

表4-4 数据采集、问题诊断表

记录测试数据	发现新问题

> **参考资料**
>
> 公路隧道施工之前，盾构机需要在所有可能的条件下进行开挖切削土体、输送渣土的实验评估和测试。做好测试条件、运行过程和作业结果的详细记录，针对新发现的问题制定完善的多套应急预案。

● 科学判断

在盾构机作业过程中，圆柱体组件的盾壳对挖掘出、未衬砌的隧洞段起着临时支撑和保护作用，承受着来自周围土层和地下水的压力。有同学认为没有盾壳的遮挡，推进、挖掘、排土、衬砌等作业完全可以顺利进行，是这样吗？

展示与评价

在展示环节之前，小组要认真完成"开挖切削土体、输送渣土作业评估表"（见表 4-5）的填写。

表 4-5　开挖切削土体、输送渣土作业评估表

组　别	隧　道		输送渣土 /($m^3 \cdot h$)	主体推进速度 /($km \cdot h^{-1}$)	安全评估	总　评
	直径 /m	长度 /m				
A						
B						
……						

每个小组选出具有良好表达、沟通能力的发言人对作品结构设计及特征进行展示（见表 4-6），并参照"逢山开路"项目评价量规（见表 4-7）和小组自测"三维"活动量规（见表 4-8）描述小组设计成果，阐述运用哪些学科知识和生活经验解决了什么问题，运用了什么重要的思考工具，明确需要得到哪些帮助。

表 4-6　小组作品结构设计及特征

组 别	结构设计	功 能	特 点	造 价	备 注
A	盾构机由圆形刀盘、刀具、变速齿轮组、驱动电机、主轴、履带式推进器、传送带、盾壳等部件组成	执行遥控指令，具有主体自主推进、开挖切削土体、输送渣土的功能	盾构机刀盘旋转开挖切削土体的同时，渣土通过输送带运出；人工完成管片加固	280元	废物利用
B	盾构机由锥形刀盘、刀具、变速齿轮组、驱动电机、主轴、液压推进器、传送带、盾壳等部件组成	执行遥控指令，具有主体自主推进、开挖挤压、切削土体、输送渣土的功能	液压动力系统推进主体开挖的同时，锥形头部向四周挤压稳固周边泥土	310元	废物利用
C					

A 小组：_____。

B 小组：_____。

建议：_____
_____。

表 4-7　"逢山开路"项目评价量规

项目内容	有待改进（3分）	优秀（4分）	最佳（5分）
设计图	没有按比例绘图，设计图做了部分标注	按比例绘图，设计图做了部分标注	按比例绘图，设计图的所有部分均做了标注
阐述工程问题	未使用工程学术语阐述工程问题	使用工程学术语阐述了部分工程问题	使用工程学术语详细阐明了工程问题，完成综述
解决方案	未切分问题并提出解决方案	切分问题，实施方案表述不清晰	切分问题，实施方案表述详尽
思维习惯	在工程设计过程中，关注证据和因果关系	在工程设计过程中，关注证据和因果关系及质疑能力	在工程设计过程中，关注证据、观点、因果关系、和批判性思维
科学原理	方案设计或展示过程中没有运用科学原理	方案设计或展示过程中较少运用科学原理	方案设计或展示过程中精准运用科学原理

续表

项目内容	有待改进（3分）	优秀（4分）	最佳（5分）
科学报告	科学报告语言表达较为清晰、用词较为规范	科学报告语言合乎逻辑、表达清晰、用词规范	科学报告语言合乎逻辑、表达清晰、用词规范、简明扼要、通俗易懂
分享交流	分享了"盾构机"方案设计部分环节的想法	分享了"盾构机"方案设计大部分环节的想法	分享了"盾构机"方案设计每个环节的想法
……			
☆加分项：鼓励完成具有独立性和创造性的作品			

反思与拓展

设计制作"盾构机"，模拟挖掘隧道，对同学们来说是充满趣味的挑战。因为不仅需要机械、力学等方面的学科知识储备，同时要有强大的动手实践能力。你们小组从设计到实践过程借鉴什么思维方式解决了哪些问题？效果如何？对比设计初期和检测评估反馈信息，你发现设计方案有哪些地方需要修改，甚至需要推倒重来？为什么？如果之前你已经在校外学习过智能机器人编程，尝试让盾构机也智能起来吧！

参考资料

盾构机主要分为手掘式盾构机、半机械式盾构机、机械式盾构机、挤压式盾构机四大类。具体采用哪种要根据环境要求、地质特征、隧道深度等条件进行"量身定做"。

拓展思维

采用盾构机在城市地铁建设中具有速度快、质量高的优势。但是，采取什么办法可以进一步提高安全性能，做到对土体弱扰动，不影响地面建筑和交通呢？

表 4-8 小组自测"三维"活动量规

维　度	相关同学活动
科学和工程实践：描述了科学家在研究和建构有关自然世界的模型及理论时的行为，以及工程师们在使用设计搭建的模型和系统时一系列关键的工程实践	

续表

维　度	相关同学活动
提出问题和明确需解决的难题 建立和使用模型 获取、评估和交流信息	●为改变长时间人工开挖隧道现状，需要设计制作具有先进技术的盾构机。 ●设计制作盾构机，运用盾构机在模拟山体中打通隧道。 ●实地勘察了解山体周边环境，获取土质结构，有针对性地提出相应的刀具和电动机输出功率，克服摩擦阻力
学科核心概念：涉及物质科学、生命科学、地球与空间科学及工程设计四大领域	
具体学科知识组织中的关键概念 解决问题的关键工具	●调整盾构机刀具旋转速度，以改变扭矩大小。 ●实现开挖切削土体、输送渣土两项功能，使用杠杆原理
跨学科概念：在所有学科领域中均可运用，其本身就表明和体现了在不同学科领域中统一的思维方式	
模式 结构和功能	●制作盾构机模型，完成开挖切削土体和输送渣土作业。 ●圆柱形盾构机符合力学原理，拱形支撑强度大

参考文献

[1] 訾谦. 国产盾构机：走向世界的大国重器 [N]. 光明日报，2019-08-08（04）.

项目二 天堑变通途

——用智慧在悬崖绝壁架起世界第一高桥

背景信息

四渡河大桥（见图4-8）地处湖北宜昌与恩施交界处，坐落于鄂西武陵崇山峻岭中。高耸入云的索塔矗立在悬崖绝壁两侧，两根弯弯的钢绳主缆和笔直的吊桥横穿于峡谷之间，云雾缭绕，若隐若现。这就是目前国内在深山峡谷里修建的全球最长悬索桥。

建议活动时间

为期8周，每周2课时。

图4-8 壮观的四渡河大桥

主要术语：
悬索桥、锚碇、索塔、桩基、主缆吊装、预应力、牵引绳、索夹

项目进度

第一周	第二周	第三、四周	第五、六周	第七周	第八周
项目介绍 研究问题	制订方案 设计论证	浇筑桩基、索塔 组装梁板 拉牵引绳	组装梁板 架主缆、固 锚锭、吊装	吊装梁板 接头合拢 测试、优化	展示评价 科学报告 反思拓展

学习目标

科　学	数　学	技术／工程
了解建造悬索桥的地理环境和地形条件；理解物体在力的作用下运动的变化	用合适的工具测算桥的高度和主梁的质量等	了解悬索桥的基本结构和受力原理；利用力学知识，通过工程设计建造悬索桥，解决交通问题

活动准备

◇项目学习笔记本、草稿纸、笔、卷尺。

◇混凝土、铁丝、一次性木筷、乳胶、软细钢丝绳、钢丝绳夹头等。

说明事项

◇十二人小组分工协作。

◇使用尖锐材料、刀具时，注意安全。

◇自选吊装方案。

约束条件

◇按 100∶1 的比例模拟鄂西武陵崇山峻岭的环境，满足建设全长 1365cm，桥面距离谷底 560cm 悬索桥的要求（实际操作中可根据实地情况做出调整）。

作业难度分级

项目	难度系数☆☆☆☆☆		难度系数☆☆☆☆		难度系数☆☆☆	
天堑变通途	主跨（长）	索塔(高)	主跨	索塔(高)	主跨	索塔(高)
	9m	1.18m	6m	0.8m	3m	0.5m

项目引入

讨论：一般悬索桥施工采用人工拽拉、船舶运送、直升机牵引等办法输送导索，而四渡河大桥为什么用火箭抛送导索（见图4-9）？

挑战：在模拟的深山峡谷中搭建具有一定承载能力和抗风能力的悬索桥。

图4-9 水火箭模型

*自选项目：自行设计吊装设备，助力完成悬索桥建造。

确定需求

古人云"蜀道之难，难于上青天"。在巴蜀之地建桥的难度可想而知，四渡河两侧是悬崖绝壁，给悬索桥桩基、承台、塔座和索塔的施工及穿引钢绳主缆、吊装加劲梁等带来了前所未有的挑战。

> 在大山里建造悬索桥，了解地形地貌和地质结构十分重要

> 锚碇需要依靠巨大的自重来承担来自主缆的拉力

> 是否有其他方式可以替代悬索桥

> 索塔那么高，桩基要打多深……

问题聚焦

1. 实地勘测。实地调研模拟的鄂西武陵崇山峻岭的自然环境，针对包括桩基、锚碇施工位置的土质结构等开展多项科学实验，绘制建桥草图。

2. 收集资料。观看四渡河大桥的相关视频，讨论建桥需要做的科学实验和材料工具的选择。

3.科学实践。学习建桥背后的物理和几何知识，合作探究悬索桥的跨越能力和在风荷载、活荷载（车辆）作用下的稳定性（见表4-9）。

表4-9 科学实践活动设计

活动名称	活动目标	检测方案	知识概念
穿越索道	优化吊桥稳定性方案	●实践体验。去公园或实践基地，走过悬索桥（主要由支架、软绳、木板组成），体验其稳定性和行进阻力。 ●对比实验 （1）用支架、软绳、木棍（软绳串联）搭建悬索桥模型； （2）将悬索桥木棍用铁丝串在一起，两端与支架固定在一起； （3）检测在以上两种情况下，风荷载及活荷载（车辆）对悬索桥稳定性的影响	●悬索桥的主要承重构件是主缆。主缆的几何形状由力的平衡决定，一般接近抛物线。 ●悬索桥传力路径：桥面自重、活荷载等竖向荷载通过吊杆传至主缆承受，而主缆锚固在桥的两端，将力传递给主梁

4.聚焦剖析。通过参与实践体验和对比实验，同学们一定对悬索桥的结构和受力原理有了进一步了解。我们知道，虽然悬索桥在各种桥梁中的跨越能力最大，但刚度小，在荷载作用下容易产生较大的挠度和振动。研读以下参考资料和悬索桥结构图（见图4-10），思考采取哪些相应措施能提高悬索桥的稳定性。

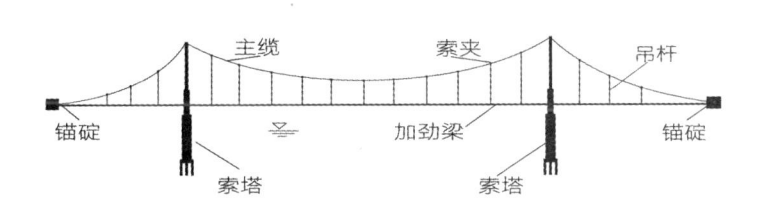

图4-10 悬索桥结构图

> **参考资料**
>
> 悬索桥的主要承重构件是主缆，一般用抗拉强度高的钢绳主缆制作。从主缆垂下若干吊杆，和桥面、加劲梁刚性组合，以减小活荷载所引起的挠度。

- 悬索桥上部结构包括主梁、主缆、吊杆、索塔四部分
- 悬索桥梁由多节段组成，连接为整体是关键
- 悬索桥的自重及载重测试数据决定了主缆、吊杆的直径
- ……

制订解决方案

通过聚焦剖析和研读图文，我们初步了解了悬索桥中的恒载由主缆来承受，而活荷载由主梁来承受，因此认为主梁宜采用具有一定抗弯刚度的箱形断面。下面，进入工程设计实践环节（见表4-10）。

表4-10　工程设计实践活动

活动名称	挑战目标	设计标准
搭建悬索桥	建造稳定性能好、刚度较强的悬索桥	●悬索桥按实物的1/100搭建，即大桥主跨为900cm，索塔高118cm和113cm。 ●主梁（由加劲梁和桥面组成）材料为一次性木筷子和乳胶；索塔为混凝土浇筑；主缆、吊杆为钢丝绳；索夹为金属构件。 ●能承受50kg以上的活荷载，具有一定的抗风袭扰能力

各小组逐项研究设计标准（见表4-10），针对悬索桥可以充分利用材料的强度和同时具有用料省、自重轻等特点，形成新的设想或查阅有参考价值的资料，写在笔记本上。

| 悬索桥的加劲梁一般为扁平箱梁结构，由无数个三角形钢件焊接而成。 | 有些大桥遭遇大风袭扰时，发生了坍塌，究其原因是共振所起的作用。此类现象应当引起我们足够的重视。 | …… |

● 方案设计

施工设计绘图是桥梁施工前的重要准备工作之一。要严格按照实际工程设计按比例绘图，包括桩基、桥墩、锚锭、索塔、梁板、主缆、承重绳、索夹、吊杆等，都要进行标注（见图4-11）。

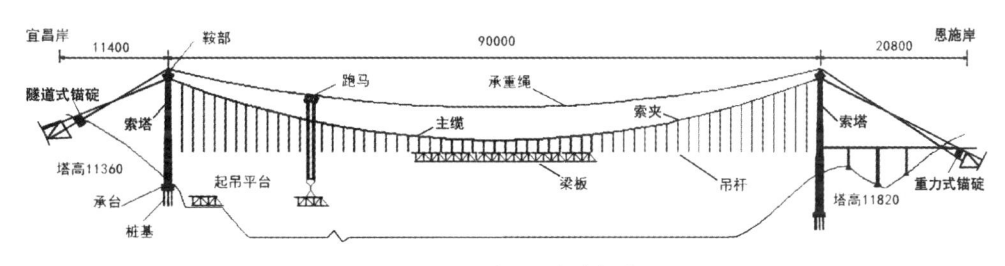

图4-11 四渡河悬索大桥立面图

参考资料

一般情况下，悬索桥的索塔相较于整个桥面和加劲梁的组合体来说显得比较修长。有人会担心其承受能力。事实上它是经过无数次的论证和竖向荷载试验设计而成的。从力学角度讲，悬索桥中主缆的张力和索塔承受的压力虽然最大，但由于主缆对索塔有一定的稳定作用，索塔几乎不承受侧向的力，主要承担来自竖向的荷载。

科学解释

你们小组设计制造的悬索桥的主缆张力是多少？塔柱的压力呢？悬索应该选用多少股钢丝（或铁丝）？说说你是怎么计算得出的？

● 交流论证

小组成员对每个方案是否满足设计标准和限制条件（技术参数）进行评判，选择一个（或几个）解决方案进行建模和测试。

1. 设计思路：_____
2. 学科核心知识（或理念）：_____
3. 可行性（工作原理）：_____
4. 创新点：_____
5. 可能遇到的问题及解决方案：_____

> **参考资料**
> 每个大桥工程都需要一个强大的桩基作为支撑。四渡河悬索桥索塔采用钢筋混凝土空心薄壁结构，桩基由直径近 3m 的 18 根钻孔桩组成，墩帽（或称承台）平面有 16m^2，厚度达 6m。

> **科学解释**
> 绘图说明什么是"桩基"，说说你们小组设计的承台平面的具体尺寸及科学依据。

制作悬索桥模型

1. 制作悬索桥模型。对比本项目活动中提供的悬索桥相关资料，结合你对悬索桥的已有认知，指出以下悬索桥模型（见图4-12）有什么不妥的地方，需要做哪些改进使之成为真正意义上的悬索桥。依据最终设计方案的具体细节，小组成员各司其职，分工协作，一丝不苟地完成作业。

图4-12 悬索桥模型

2. 记录数据。悬索桥是一个系统工程项目，任何环节出现纰漏都会造成不可弥补的损失。小组成员应及时记录在实验室对索塔及主梁的强度和鞍部制作、索塔施工等方面的测试数据，反复核算、分析，提出建议（见表 4-11）。

表 4-11　材料使用（更换）情况记录表

记录材料使用数据	
工具、材料更换理由	
方案修改依据	
材料和成本清单	
结果满意度	

测试、优化

开工建桥之前，同学们需要对缩小比例的悬索桥模型的索塔浇筑、鞍部制作、主梁搭建强度、模型的承载和抗风能力等，分别进行检测（见图 4-13），记录员随时记录测试数据和标注各环节出现的问题，及时沟通，并提出改进方案（见表 4-12）。

图4-13　测试加劲梁承载能力

表 4-12　数据采集、问题诊断表

记录测试数据	发现新问题

施工建设

悬索桥的主梁由箱形加劲梁和后期铺设的桥面板构成，由吊杆牵引。主缆受自重、吊杆拉力的作用，其水平力全部由两岸锚碇承受。图 4-14 至图 4-25 是某小组建造悬索桥的全过程，供参考。

图4-14 制作模具　　　图4-15 浇筑索塔　　　图4-16 填埋索塔

图4-17 检测塔身垂直度　　　图4-18 设计搭建主梁　　　图4-19 加劲梁

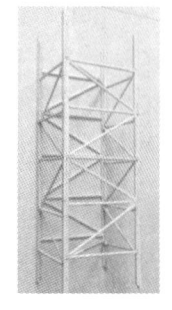

图4-20 索鞍施工　　　图4-21 主缆架设　　　图4-22 吊杆安装及加载

图4-23 吊装加劲梁　　　图4-24 调试加固　　　图4-25 剪彩通车

●科学判断

索鞍是安装在索塔顶的支撑结构。索鞍上座的弧形索槽内加设形状复杂的钢板垫片，目的是为主缆与鞍座提供足够的摩擦力，以克服相对滑动。你认为是这个道理吗？说说你们小组的索鞍设计。

展示与评价

悬索桥已经竣工通车。下面小组代表要对作品结构设计及特征进行展示（见表4-13），参照"天堑变通途"项目评价量规（见表4-14）和小组自测"三维"活动量规（见表4-15），简明扼要分享成果，如图4-26所示。小组代表可以描述小组通过工程设计提高悬索桥的承载能力和抗风袭扰能力的做法，也可以说说凭借什么生活经验解决了什么难题等。

图4-26 作品展示

表4-13 小组作品结构设计及特征

组 别	结构设计	功 能	特 点	造 价	备 注
A	高架悬索桥长6m，由混凝土现浇索塔、鞍座、钢绳主缆、索夹、吊索、加劲梁、梁板、锚碇、照明装置等组成	具有较强的承载能力和抗风袭扰能力；设有应急处置带、照明系统和灭火设施	加劲梁由6节段拼接而成；活荷载所引起的挠度小，抗风袭扰能力强	340元	废物利用
B	高架悬索桥长3m，由木制索塔、鞍座、钢绳主缆、索夹、吊索、加劲梁、梁板、锚碇等组成	具有一定承载能力和抗风袭扰能力；设有照明系统、紧急停车道	加劲梁由6节段拼接而成；稳定性稍差，承载力较强，抗风袭扰能力较强	290元	废物利用
C	……				

A 小组：_____。

B 小组：_____。

建 议：_____。

参考资料

通常情况下，工程师们会对多个可能的解决方案仔细推敲、反复比较，同时对设计方案的局限性进行评估，权衡利弊，选出最优方案。有时候，为进一步确认方案的先进性、可操作性，需要多次重复之前做过的步骤。

科学解释

工程师们选择最佳设计方案的三个步骤是什么？

表 4-14 "天堑变通途"项目评价量规

项目内容	有待改进（3分）	优秀（4分）	最佳（5分）
设计图	未按比例绘图，设计图做了部分标注	按比例绘图，设计图做了部分标注	按比例绘图，设计图所有部分均做了标注，材料单完整
阐述工程问题	未使用工程学术语阐述工程问题	使用工程学术语阐述了部分工程问题	使用工程学术语详细阐明了工程问题，完成综述
施工前测试	没有对桥梁自重进行测试	对桥梁自重进行测试，但没有测算主缆、吊杆的应力大小	施工前，测试每节段吊装质量及主缆、吊杆的应力大小
稳定性与变化	设计方案未提及桩基与索塔的稳定性问题	设计方案中涉及桩基和索塔的稳定性问题，但阐述不详	设计方案中对桩基和索塔的稳定性及锚碇、索缆牵引有详细阐述
沟通方式	工程设计过程中用到了一种沟通方式	工程设计过程中用到了两种沟通方式	工程设计过程中用到了人际互动、口头沟通、书面沟通、视觉沟通等方式
科学原理	方案设计或展示过程中没有运用科学原理	方案设计或展示过程中部分运用科学原理	方案设计或展示过程中精准运用科学原理
科学报告	科学报告语言表达较为清晰、用词较为规范	科学报告语言合乎逻辑、表达清晰、用词较为规范	科学报告语言通俗易懂、简明扼要、合乎逻辑、表达清晰、用词规范
分享交流	分享了"悬索桥"方案设计部分环节的想法	分享了"悬索桥"方案设计大部分环节的想法	分享了"悬索桥"方案设计每个环节的想法

续表

项目内容	有待改进（3分）	优秀（4分）	最佳（5分）
……			
☆加分项：鼓励完成具有独立性和创造性的作品			

反思与拓展

建设跨度如此大的悬索桥，对于初中生来说，是全新的挑战。在施工过程中一定有许多意想不到的事情发生，或缺少应急预案，或小组成员分工不当，或团队意识不强，或吊杆应力不足，或索夹对位不准等，反思并在科学报告中做出科学合理的解释。

参考资料

在众多桥梁结构体系中，悬索桥以跨越能力强、造价较低的特点，越来越受到建设者的青睐。作为悬索桥受力体系中的重要承重构件，索塔的受力性能不容小觑。

拓展思维

随着塔身的高耸化、索塔截面的薄壁化及各种新材料、新工艺的应用，你有什么办法保障索塔的刚度？

表 4-15　小组自测"三维"活动量规

维　度	相关同学活动
科学和工程实践：描述了科学家在研究和建构有关自然世界的模型及理论时的行为，以及工程师们在使用设计搭建的模型和系统时一系列关键的工程实践	
建立和使用模型 利用数学和计算思维	●搭建悬索桥模型承受模拟活荷载，测试模型，对模型重新设计以承受模拟活荷载。 ●用一次性筷子搭建主梁，测算主梁自重，为确定吊杆直径提供理论支持
学科核心概念：涉及物质科学、生命科学、地球与空间科学及工程设计四大领域	
自然灾害 解决问题的关键工具	●通过科学设计和计算，确定地震和大风对悬索桥的影响。 ●为提高一次性木筷建造的箱形梁的稳定性，减轻自重荷载，利用三角形的稳定性搭建悬索桥

续表

维 度	相关同学活动
跨学科概念：在所有学科领域中均可运用，其本身就表明和体现了在不同学科领域中统一的思维方式	
系统和系统模型 稳定性与变化	●使用悬索桥模型测试大风的影响。 ●悬索桥主要承重构件为主缆，具有不稳定性；设计制作箱形梁（加劲梁）与桥面和吊杆组合为一体，以减小活荷载所引起的挠度

网络资源

《创新一线》——中国悬索桥。

项目三 助力"一带一路"

——铺铁轨助力陆上"丝绸之路"

背景信息

为推动"一带一路"的资源建设,更好地与沿线国家建立"命运共同体",国内、国际的铁路建设是不可或缺的环节。截至目前,中欧班列(见图4-27)已累计开行四万余列,为"一带一路"的高质量发展提供了强大的助力。

建议活动时间

为期6周,每周2课时。

图4-27 行进中的中欧班列

主要术语:
钢轨、枕木、道岔、道床、扣件、轨距

项目进度

第一周	第二周	第三周	第四周	第五周	第六周
项目介绍 研究问题	制订方案 设计论证	制作轨枕、轨道模型	铺设枕木 固定铁轨	填埋石子 站点布设 测试、优化	展示评价 科学报告 反思拓展

学习目标：

科 学	数 学	技术/工程
了解铺设铁路地区的自然环境；理解杠杆的平衡条件；熟悉压强知识	测算铁轨的长度、枕木对地面的压强	了解组成铁路的相关构件及技术；理解铺设"中欧班列"铁路面临的约束条件，明确铺设铁路的需求；通过工程设计解决铺设铁路的实际问题

活动准备

◇项目学习笔记本、草稿纸、笔、卷尺。

◇泥沙、碎石子、枕木、螺丝、钢轨（自制或购买均可）。

说明事项

◇四人小组分工协作。

◇使用尖锐材料和工具时，注意做好安全防护措施。

约束条件

◇按照"中欧班列"铁路实际的路径、等比例缩小尺寸铺设铁路，标明地区（或城市）及站点名称。

◇按 1 000 000 ：1 的比例设计总长 1100cm 的铁路，翻山越岭。

作业难度分级

项 目	难度系数☆☆☆☆☆		难度系数☆☆☆☆		难度系数☆☆☆	
助力"一带一路"	铁路设施	铁路长度	铁路设施	铁路长度	铁路设施	铁路长度
	仿真	11m	齐全	8m	规范	5m

项目引入

讨论：谈谈我国古代丝绸之路概况及主要应用的交通工具。

挑战：建设全程总长1100cm的重庆到杜伊斯堡的"中欧班列"铁路，讲好"一带一路"的故事。

*自选项目：利用光控、声控、触碰传感等技术，建设全程总长1100cm的重庆到杜伊斯堡的智能"中欧班列"铁路。

确定需求

推进"一带一路"建设既是中国扩大和深化对外开放的需要，又是加强与亚欧非及世界各国之间互利合作的需要。

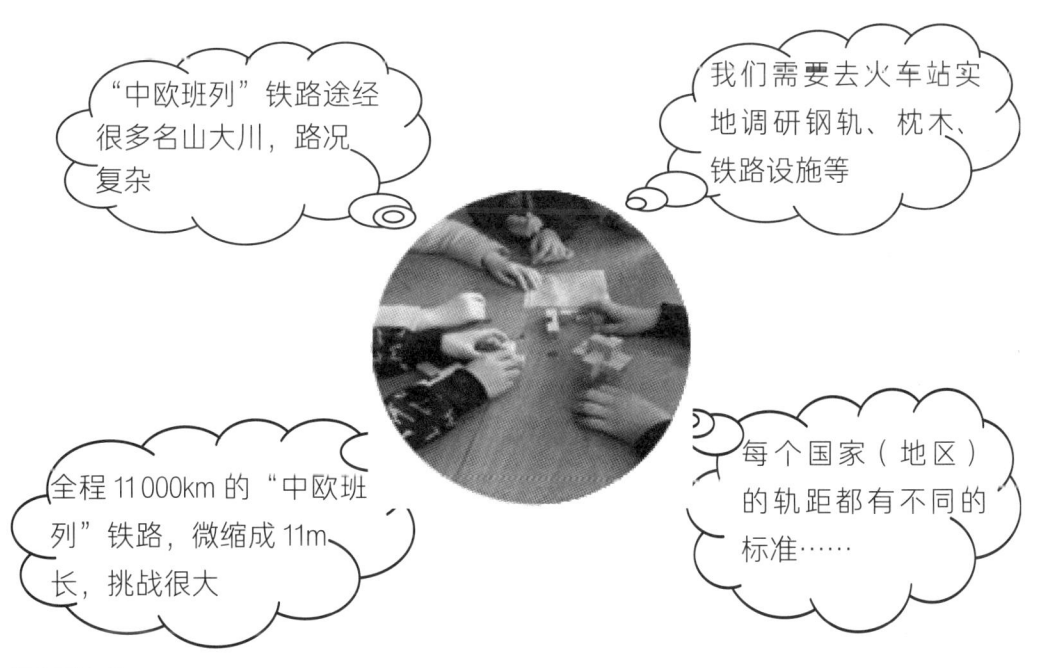

- "中欧班列"铁路途经很多名山大川，路况复杂
- 我们需要去火车站实地调研钢轨、枕木、铁路设施等
- 全程11 000km的"中欧班列"铁路，微缩成11m长，挑战很大
- 每个国家（地区）的轨距都有不同的标准……

问题聚焦

1. 实地勘探。围绕铁路沿线进行环境了解和土质研究，画出"中欧班列"铁路干线草图。

2. 收集资料。观看中国中央电视台播出的《一带一路》相关视频，讨论铺设铁路的计划等事项。

3. 科学实践。同学们合作探究，用压强、压力及平衡原理等力学知识理解铁路建设所涉及的铁路设施的机械结构和工作原理（见表4-16）。

表 4-16 科学实践活动设计

活动名称	活动目标	检测方案	知识概念
物理性质挑战	测试铁轨铺设达标条件	●地面承压实验 分别在钢轨（自制）直接铺于土质地面和钢轨固定于枕木两种状态下，两脚站立于双轨上，观察被承压沙土地面的变化。 ●钢轨热胀冷缩实验 将长为 40cm 的两段自制钢轨的两端相对顶住，把另外两端固定在水泥地面上，用电热吹风机持续给钢轨加热，观察钢轨对接口有什么现象发生	●物体所受的压力与受力面积之比叫作压强。压强的计算公式是：$p=F/S$，压强的单位是帕斯卡，符号是 Pa。 （1）压力一定时，受力面积越小，压力作用效果越显著； （2）受力面积一定时，压力越大，压力作用效果越显著。 ●热胀冷缩是物体的一种基本性质。在一般状态下，固体、液体、气体等物体，受热后都会出现不同程度的膨胀现象，也会在受冷时出现缩小现象

4. 聚焦剖析。分析以上承压实验和热胀冷缩实验的数据，研读《铁路安全管理条例》，观察铁路设施（见图 4-28），谈谈铁路修建所需材料、铺设步骤及注意事项。

参考资料

为了建成科学规范的铁路系统，保障运输安全畅通，保护人民的生命和财产安全，中华人民共和国国务院于 2013 年 7 月 24 日颁布了《铁路安全管理条例》。

图4-28 铁路设施

> 需要查清铁路沿线经过的地区（城市）
>
> 计算每个站点的距离，按比例绘图
>
> 枕木、螺丝、垫片都好办，关键是"工"字形道轨
>
> 中欧班列翻山越岭，意味着有铁路隧道和桥梁的建设任务

制订解决方案

认真学习《铁路运输安全保护条例》后，我们懂得了如何更好地保障铁路运输，保护人身和财产安全，了解了铁路沿线要打通铁路隧道和架设桥梁是面临的新挑战。下面，让我们共同进入正式的工程设计实践环节（见表 4-17）。

表 4-17　工程设计实践活动

活动名称	挑战目标	设计标准
助力"一带一路"	建设一条设施完善、运营安全的铁路干线	●双铁轨铺设需按一定比例缩小标准轨距和枕木间隔等。 ●铁路沿线要打通铁路隧道、架设桥梁，要有车站、信号、机车、通信等设施设备。 ●在铺设铁轨时，必须保留一定的间隙，以确保气温升高时，铁轨不会因受热膨胀伸长而相互推挤变形

在了解设计标准（见表 4-17），查阅京张铁路、青藏铁路等建造历程的基础上，集思广益，形成多个铁路建设方案，写在笔记本上。

> 著名工程师詹天佑在京张铁路建设过程当中大胆创新,用"之"字形坡道解决了铁路过燕山山脉时坡道过陡的难题。

> 人们将青藏铁路称为"天路"。作为世界上海拔最高的铁路,在自然条件恶劣、地质复杂的条件下,修建难度特别大,从勘探工作开始到动工修建历经半个世纪。

● 方案设计

铁路的建设过程复杂,标准要求高。设计方案里需要描述铁路建设过程、设施设备及可能遇到的问题和解决方案,并列出材料清单(见表4-18)。

表4-18 方案设计范例(概要)

设计方案	描 述	材料清单
设计方案1	铁路建设过程包括立项、设计、工程实施和竣工验收,具体为立项、勘察设计(必须考虑环境保护、水土保持、节约能源、做好文物保护等)、材料准备、人员组织、工程实施及监理、竣工验收、投入正式运营	钢轨、道岔、轨枕、钢梁、钢筋混凝土梁、铁路桥梁支架、钢管拱、水泥、木材、给/排水管材、土木材料、电杆、铁塔、扣件、橡胶垫等

参考资料

普通钢轨的长度为12.5m,标准轨距为1.435m,平均每3m钢轨铺5根枕木。在铺设钢轨时,两根钢轨的接头处留有空隙,防止钢轨因受热膨胀出现涨轨现象而扭曲变形。

科学解释

轨距有国际标准吗?是多少?

● 交流论证

小组成员对每个方案是否满足设计标准和约束条件（技术参数）进行评判，选择一个（或几个）解决方案进行建模和测试。

1. 设计思路：_____
2. 学科核心知识（或理念）：_____
3. 可行性（工作原理）：_____
4. 创新点：_____
5. 可能遇到的问题及解决方案：_____

制作铁路模型

1. 制作铁路模型。轨道由钢轨、配件、轨枕、扣件、道岔、道床等组成，直接承受列车荷载、引导列车行走。铺设轨道时，严格按照标准要求，依据路线图，用最小的投入、合理的建材，完成"中欧班列"铁路的铺设工程。途中按实际情况需建有铁路隧道、铁路桥梁、信号灯、站牌等设施。图4-29显示的是学生自选的枕木和钢轨等材料，供参考。

图4-29 枕木和钢轨等自选材料

科学解释

我们知道，木质轨枕具有一定的弹性和柔韧性，而混凝土轨枕不具有柔韧性。请问有何措施可保障混凝土轨枕在重载情况下不发生断裂？

轨枕与铺设轨枕如图4-30和图4-31所示。

图4-30 轨枕　　　　　　　　　　　　　图4-31 铺设轨枕

2.记录数据。轨枕是用于铁路的、由专用轨道走形设备铺设和承载设备铺设的材料。为使钢轨更好地承受来自多方面的力，保证必要的强度条件，制作钢轨应考虑哪几个方面？用什么材料可以替代轨道的部分构件？梳理替代思路，说说替代后的效果，记录相关数据（见表4-19）。

表4-19　材料使用（更换）情况记录表

记录材料使用数据	
工具、材料更换理由	
方案修改依据	
材料和成本清单	
结果满意度	

测试与改进

使自制的蒸汽机车或电力机车装载适量的货物，在建成的"中欧班列"铁路上运行，检验压实度、平整度，观察是否有脱轨现象发生，记录员随时记录测试数据和标注出现的问题（见表4-20）。

表 4-20 数据采集、问题诊断表

记录测试数据	发现新问题

● 科学判断

众所周知，在铺设普通钢轨时，两钢轨对接端之间需留有一定缝隙。据说如今的高速铁路使用的是"无缝钢轨"，难道真的无缝？这不是和热胀冷缩理论相悖吗？从工程设计角度解释其中的科学道理。

展示与评价

"中欧班列"铁路经测试获得成功后，小组代表要对作品结构设计及特征进行展示（见表 4-21），并参照助力"一带一路"项目评价量规（见表 4-22）和小组自测"三维"活动量规（见表 4-23）分享成果经验或巧妙设计，对其他同学和小组的表现进行评价。

表 4-21 小组作品结构设计及特征

组别	结构设计	功能	特点	造价	备注
A	铁路线长11m，由钢轨、混凝土轨枕、阻尼垫、扣件、石子、信号灯、蜂鸣器、站台等组成	受气候和自然条件影响较小，运载能力强；有遇障碍自动报警装置	途中穿越两个隧道、一个跨海大桥；利用现代传感技术提高安全性	2900元	自购与废物利用相结合
B	铁路线长8m，由钢轨、枕木、扣件、石子、信号灯、隔离护网、道岔等组成	受气候和自然条件影响较小，运载能力强；遥控电机替代了扳道工	途经一个隧道、一个峡谷；铁路设施较全；双轨稳定性好	3800元	废物利用

续表

组别	结构设计	功能	特点	造价	备注
C	……				

甲：我的个性创意设计＿＿＿＿＿＿＿＿＿＿＿＿＿＿＿＿＿＿＿＿＿＿。

乙：＿＿＿＿＿＿＿＿＿＿＿＿＿＿＿＿＿＿＿＿＿＿＿＿＿＿＿＿＿。

A 小组：C 小组不同凡响的创意＿＿＿＿＿＿＿＿＿＿＿＿＿＿＿＿。

…………

表4-22 "助力'一带一路'"项目评价量规

项目内容	有待改进（3分）	优秀（4分）	最佳（5分）
设计图	未按比例绘图，设计图做了部分标注	按比例绘图，设计图做了部分标注	按比例绘图，设计图所有部分均做了标注，材料单完整
阐述工程问题	未使用工程学术语阐述工程问题	使用工程学术语阐述了部分工程问题	使用工程学术语详细阐明了工程问题，完成综述
解决方案	未切分问题并提出解决方案	切分问题，但实施方案表述不清晰	切分问题，实施方案表述详尽
方案设计	设计方案中未提及枕木间距、碎石形状和扣件	设计方案中提及枕木间距、碎石形状	设计方案阐明了枕木间距、碎石形状和扣件的重要性
知识运用	方案设计中提及热胀冷缩、摩擦力等物理知识	方案设计中提及共振、散热、热胀冷缩、摩擦力等物理知识	方案设计中提及压强、共振、消音（漫反射）、散热、热胀冷缩、摩擦力等物理知识
科学原理	方案设计或展示过程中没有运用科学原理	方案设计或展示过程中部分运用科学原理	方案设计或展示过程中精准运用科学原理
科学报告	科学报告语言表达较为清晰、用词较为规范	科学报告语言合乎逻辑、表达清晰、用词较为规范	科学报告语言合乎逻辑、通俗易懂、表达清晰、用词规范、简明扼要
分享交流	分享了"铺设铁路"方案设计部分环节的想法	分享了"铺设铁路"方案设计大部分环节的想法	分享了"铺设铁路"方案设计每个环节的想法
……			
☆加分项：鼓励完成具有独立性和创造性的作品			

反思与拓展

铺设铁路项目看似简单，其中融入了很多物理知识及数学思维。同学们回顾一下全过程，有没有始料不及的事件发生？预测效果与实际结果有何差距？是否考虑过在铁路设施上增加一些智能设备？例如，人或动物横穿铁路时，会自动报警等。

参考资料

"中欧班列"铁路是连接中国与欧洲的重要铁路交通线，主要经过哈萨克斯坦、俄罗斯和白俄罗斯，这三国全部采用宽轨铁路，与中国的标准轨道无法对接。

拓展思维

该如何解决轨距不同的问题？谈谈你的想法。

表 4-23 小组自测"三维"活动量规

维 度	相关同学活动
科学和工程实践：描述了科学家在研究和建构有关自然世界的模型及理论时的行为，以及工程师们在使用设计搭建的模型和系统时一系列关键的工程实践	
建立和使用模型 利用数学和计算思维	● 铺设铁轨，测试铁轨是否满足通车要求。 ● 依据设计标准，计算铁轨的负载能力
学科核心概念：涉及物质科学、生命科学、地球与空间科学及工程设计四大领域	
优化设计方案	● 建造、测试和改进铁路系统
跨学科概念：在所有学科领域中均可运用，其本身就表明和体现了在不同学科领域中统一的思维方式	
模式 结构和功能	● 建造铁路系统模型，测试模型是否符合设计标准。 ● 确定哪些材料更适合建造铁路，以承受来自活荷载的力

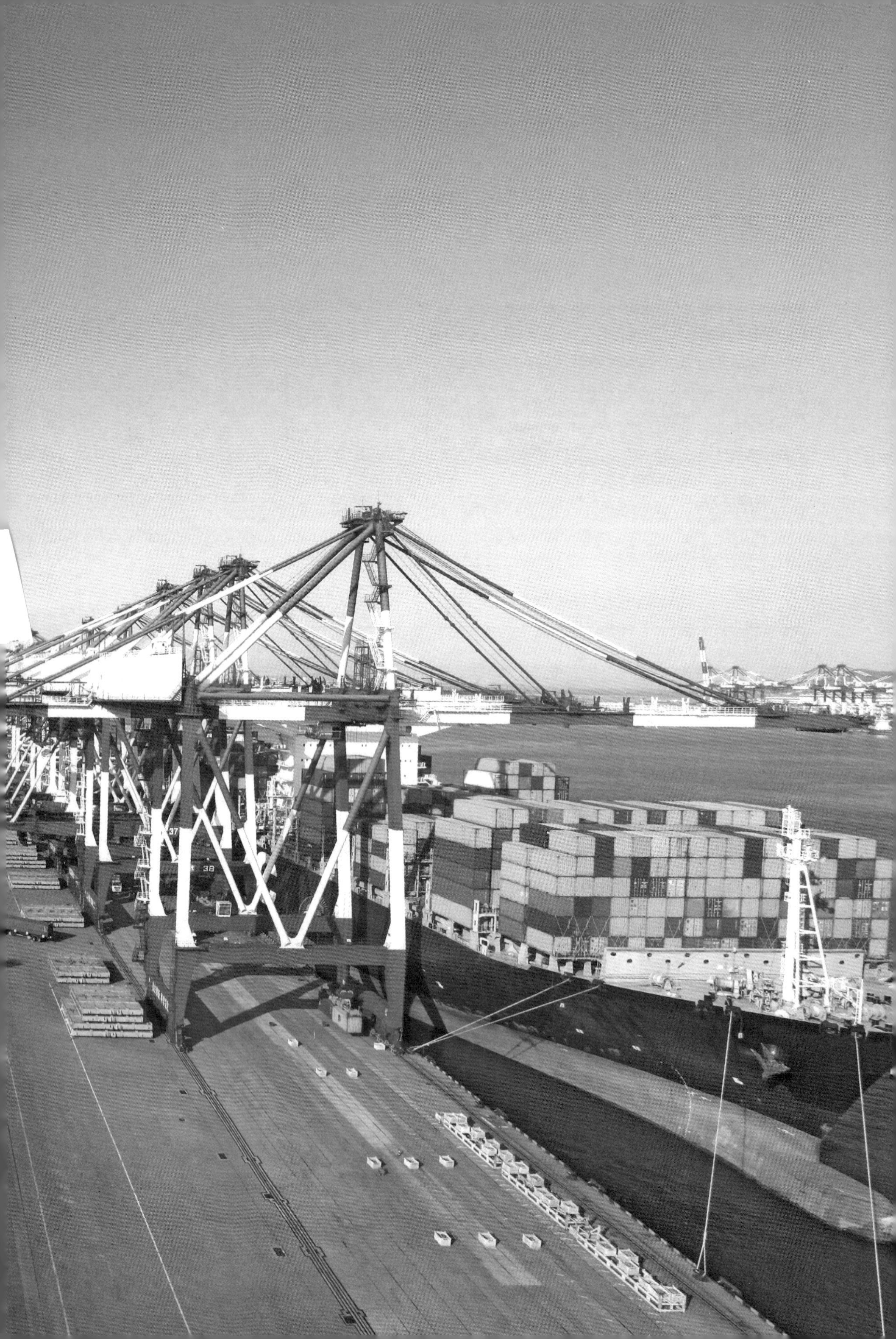

第五单元　中国港

随着信息技术的广泛应用，港口由过去提供单一装卸和仓储业务，逐渐转变为集物流、查验、存储、配送、报检于一体的现代物流服务中心。随着人工智能、大数据、区块链和5G技术的发展，智能港口将成为新世纪港口发展的必由之路。

本单元以"智慧港口"建设理念为依托，提出了"岸桥装卸"、"智能理货"和"堆存翻箱"三个综合性问题。（1）"岸桥装卸"项目要求在学生查阅学习岸桥起重机机械结构、工作原理的基础上，综合运用工程技术、数学思维，自制岸桥起重机，在模拟平台完成抓箱、放箱作业；（2）"智能理货"项目需要学生学习编程技术和智能识别系统，设计搭建一款智能理货机，完成识别、分离货物作业；（3）"堆存翻箱"项目要求学生运用数学、工程思维，科学设计货物堆存方案，以提高码头货物的转运、提取效率。

项目一 岸桥装卸

——设计可以完成抓放标箱任务的岸桥起重机

背景信息

在繁忙的港口，人们总是能看到形状像一个悬臂梁，服务于来往船舶的岸边集装箱起重机的身影。由于它的两端坐落在高大的水泥柱或者金属支架上，形状似桥，故叫岸桥起重机（也叫桥吊），用来垂直升降、水平移动集装箱，以满足集装箱的装卸作业要求。青岛港新前湾自动化码头如图5-1所示。

建议活动时间

为期6周，每周2课时。

图5-1 青岛港新前湾自动化码头

主要术语：

岸桥起重机、集装箱、纵向运行、抓箱

项目进度

第一周	第二周	第三周	第四周	第五周	第六周
项目介绍 研究问题	制订方案 设计论证	制作岸桥起重机	制作岸桥起重机	组装 测试、优化	展示评价 反思拓展

学习目标

科 学	数 学	技术/工程
理解滑轮组的工作原理；了解力可以改变物体的运动状态	测算岸桥起重机吊具（如吊钩）在地面做横向、纵向移动的实际距离、完成一次吊装任务的速度和每次吊装的最大荷载（质量）	认识岸桥起重机；了解岸桥起重机的机械结构和工作原理；通过工程设计制作岸桥起重机，解决抓放、移动集装箱的问题；学习运用遥感技术

活动准备

◇项目学习笔记本、草稿纸、笔。

◇自选钢轨（或铝合金替代）、滑轮组、直流电动机、减速器、钢丝绳、车轮、机械手等材料。

说明事项

◇四人小组分工协作。

◇使用尖锐材料，吊运重物时，注意做好安全防护措施。

约束条件

◇模拟长401cm、宽201cm的场地（工作范围）。

◇集装箱配置。红、黄、蓝三种颜色的集装箱各9个；标箱尺寸：14cm×10cm×7cm；配货毛重：320g。

作业难度分级：

项 目	难度系数☆☆☆☆☆		难度系数☆☆☆☆		难度系数☆☆☆	
岸桥起重机	作业方式	模型	作业方式	模型	作业方式	模型
	智能编程	金属支架	无线遥控	金属搭建	手动控制	积木搭建

项目引入

讨论：联系实际，谈谈港口吊运设备应具备的功能。

挑战：设计制造岸桥起重机，完成抓箱、放箱作业。

*自选项目：设计制造智能岸桥起重机，并完成抓箱、放箱作业。

确定需求

繁忙的港口，来往货船川流不息。把集装箱从船舶卸载到岸上的指定位置是首要任务，设计制造有一定承载能力和运行灵活的岸桥起重机，方可担此重任。

> 我发现建筑高层楼房用的塔吊就很不错

> 微型铲车可以很灵活地搬用货物

> 大型吊车搬运货物没有问题，只是速度慢

> ……

问题聚焦

1. 实地调研。了解岸桥起重机的作业环境和过程，开展多项科学实验，画出"岸桥起重机"的设计图。

2. 资料收集。收看中国中央电视台播出的《辉煌中国》等视频，讨论制作"岸桥起重机"所需的工具材料。

3. 科学实践。合作探究"岸桥起重机"的机械机构和工作原理（见表5-1）。

表 5-1 科学实践活动设计

活动名称	活动目标	检测方案	知识概念
探秘岸桥起重机	了解岸桥起重机的结构功能	●用自制微型电动葫芦吊起重物。 ●将自制微型电动葫芦装在对轮轴上，吊起重物，手推对轮轴在滑轨上滚动。 探究两种方案的功能和局限性	●滑轮组是由多个动滑轮、定滑轮组装而成的一种简单机械，既可省力，又可改变用力方向。滑轮是杠杆的变形，属于杠杆类简单机械。 ●力学轴平面移动

4. 聚焦剖析。在参与"岸桥起重机"工作原理探究活动，获取测试数据的同时，认真研读参考资料，观察码头集装箱装卸搬运作业流程图（见图5-2）和集装箱堆场图，结合实际，谈谈集装箱装卸起重机和轮胎式龙门起重机的功能有何不同。你认为我们说的岸桥起重机是集装箱装卸起重机还是轮胎式龙门起重机？描述岸桥起重机抓放、移动系统的机械结构和作业过程。

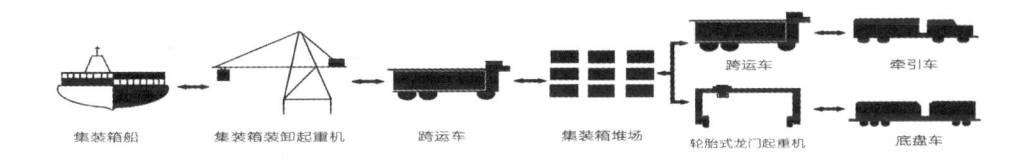

图5-2 码头集装箱装卸搬运作业流程图

> **参考资料**
> 岸桥起重机是在岸边对船舶上的集装箱进行装卸的设备。其桥架沿铺设在两侧高架上的轨道纵向运行，起重小车沿铺设在桥架上的轨道横向运行，构成一矩形工作范围，以利用桥架下面的空间吊运物料。

> 先设计好支架和移动轨道，再设计横向、纵向移动

> 滑轮组能完成吊起和落下的任务

> 抓取货物的吊具利用机械原理较容易实现

> ……

制订解决方案

在聚焦剖析环节，同学们明白了岸桥起重机由金属支架、移动系统和抓放工具三部分组成。接下来，我们一起进入工程设计实践环节（见表5-2）。

表 5-2　工程设计实践活动

活动名称	挑战目标	设计标准
岸桥工程设计	一项可以完成抓放标箱的工程设计	●岸桥起重机的桥架沿铺设在两侧高架上的轨道纵向运行，起重小车沿铺设在桥架上的轨道横向运行，构成矩形工作范围，以利用桥架下面的空间吊运物料

依据设计标准（见表5-2），小组成员分头行动，收集制作岸桥起重机的工具、材料及有参考价值的图文材料，记录在笔记本上。同时开展头脑风暴，提出一个或多个实用新型设计方案。

> 岸桥起重机是在岸边对船舶上的集装箱进行装卸的设备；场桥是指堆货区用的桥式搬运设备，用于内场搬运。

> 岸桥起重机主梁的设计为梯形断面，小车运行轨道设在主梁下方。小车架悬挂吊架要尽可能短，以降低小车摇摆幅度。

> ……

● 方案设计

在设计方案中，同学们应文字清晰地描述自制岸桥起重机的工作原理，绘制岸桥起重机的简易结构图，标注各主要部件，针对方案实施过程中所需的材料，列出完整的材料清单及经费预算。图5-3显示的是学生绘制的岸桥起重机草图，附有材料清单，供参考。

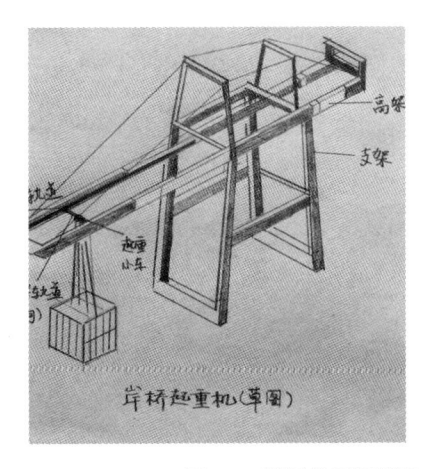

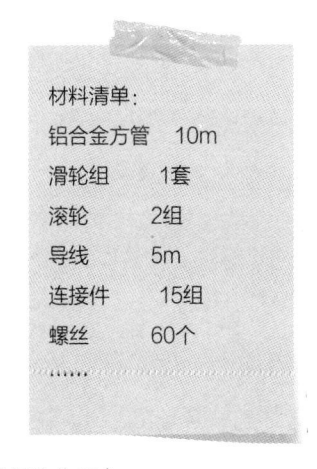

图5-3　岸桥起重机草图（学生作品）

● 交流论证

小组在评估方案时要平衡每个评估标准的重要性，权衡利弊做出抉择。

1. 设计思路：＿＿＿＿＿＿＿＿＿＿＿＿＿＿＿＿＿＿＿＿＿
2. 学科核心知识（或理念）：＿＿＿＿＿＿＿＿＿＿＿＿＿
3. 可行性（工作原理）：＿＿＿＿＿＿＿＿＿＿＿＿＿＿＿
4. 创新点：＿＿＿＿＿＿＿＿＿＿＿＿＿＿＿＿＿＿＿＿＿
5. 可能遇到的问题及解决方案：＿＿＿＿＿＿＿＿＿＿＿

科学解释

推演塔吊（见图5-4）和岸桥起重机（见图5-5）的作业过程，用数学语言描述塔吊的作业范围。

图5-4　作业中的塔吊　　　　图5-5　作业中的岸桥起重机

制作岸桥起重机模型

1.制作岸桥起重机模型。岸桥起重机一般由桥架运行机构、起重小车、高架金属结构三部分组成。为使该岸桥起重机能更灵活，且不受地面设备阻碍完成吊运物料任务，需要解决桥架可以沿铺设在两侧高架上的轨道纵向运行，而起重小车能沿铺设在桥架上的轨道横向运行的问题。图5-6显示的是学生搭建的岸桥起重机模型。小组成员在学习研究和提出质疑的同时，要遵循最终设计方案的具体细节，分工协作，精准、精细地完成作业。

图5-6　岸桥起重机模型（学生作品）

材料清单：
梁　　　16根
板　　　12个
厚连杆　17根
直角厚连杆6根
滑销　　2个
轴销　　4个
摩擦销　若干
……

2.记录数据。我们知道岸桥起重机由金属支架、轨道、起重小车、钢丝绳、抓具及螺丝等组成。制作过程中往往会有预想不到的问题发生，或尺寸不对，或轮子与轨道不适配等，需及时处理或更换材料，我们应将材料使用等情况记录在表5-3中。

表5-3　材料使用（更换）情况记录表

记录材料使用数据	
工具、材料更换理由	
方案修改依据	
材料和成本清单	
结果满意度	

测试、优化

测试和重新设计是工程设计的必经之路。只有不断发现问题、分析问题，才能得到最优方案。因此，在完成岸桥起重机模型制作后,需要在模拟口岸场地对红、黄、蓝三种颜色的集装箱进行吊装测试（见图5-7）并记录数据（见表5-4）。对发现的问题和不足，及时讨论并提出改进措施（见表5-5）。

图5-7　测试岸桥起重机性能

表5-4　吊装数据记录表

组别	箱数			
	第一次吊装	第二次吊装	第三次吊装	总成绩
A				
B				
……				

表 5-5 数据采集、问题诊断表

记录测试数据	发现新问题

● 科学判断

在工程设计项目建设中，优化或重新设计是个不断反复的过程。重新设计是否等于否定之前的一切？举例说明。

展示与评价

岸桥起重机模型经测试获得成功。下面，小组代表要对作品结构设计及特征等进行展示（见表 5-6），参照"岸桥装卸"项目评价量规（见表 5-7）、小组自测"三维"活动量规（见表 5-8），展示成果、分享成功经验，并负责任地做出科学、合理的评价，特别要重视成果中的个人贡献。

表 5-6 小组作品结构设计及特征

组　别	结构设计	功　能	特　点	造　价	备　注
A	模拟塔吊（塔式起重机）机构设计，主要由塔架、转台、承座、抓具、动力系统和照明系统等结构部件组成	遥控完成作业半径区域内任何位置的货物吊运作业	箱体摇摆幅度大，影响搬运速度；基座起稳定作用；制作难度较小	400 元	自购材料与废物利用相结合

续表

组 别	结构设计	功 能	特 点	造 价	备 注
B	模拟岸桥起重机机构设计,主要由支架、滑轨、小车机构、起升机构及制动系统等组成	小车移动于横、纵轴之间,形成矩形作业区域,在遥控指令下完成吊运货物作业	箱体摇摆幅度较小,作业效率较高,支架重心稳定;制作难度较大	500元	自购材料与废物利用相结合
C	……				

甲:我的个性创意设计_____。

乙:我运用滑轮组很好地解决了_____。

A 小组:我赞同 B 小组的新方案_____。

…………

表 5-7 "岸桥装卸"项目评价量规

项目内容	有待改进(3分)	优秀(4分)	最佳(5分)
设计图	未按比例绘图,设计图做了部分标注	按比例绘图,设计图做了大部分标注	按比例绘图,设计图的所有部分均做了标注,材料单完整
阐述工程问题	未使用工程学术语阐述工程问题	使用工程学术语阐述部分工程问题	使用工程学术语详细阐明了工程问题,完成综述
工作原理	设计方案中未说明起重机抓箱的工作原理	设计方案中说明了起重机抓箱的工作原理	设计方案中详细说明了起重机抓箱的工作原理,并提供了完整的设计图纸
科学报告	科学报告语言表达较为清晰、用词较为规范	科学报告语言合乎逻辑、表达清晰、用词较为规范	科学报告语言合乎逻辑、表达清晰、用词规范、简明扼要、通俗易懂
知识运用	方案设计中只涉及两个数学、物理概念	方案设计中涉及三个以上数学、物理概念	方案设计中涉及滑轮组、摩擦力、匀速运动、直流电、载荷、矩形、直线距离等多个数学、物理概念
科学原理	方案设计或展示过程中没有运用科学原理	方案设计或展示过程中部分运用科学原理	方案设计或展示过程中精准运用科学原理
分享交流	分享了"岸桥起重机"方案设计部分环节的想法	分享了"岸桥起重机"方案设计大部分环节的想法	分享了"岸桥起重机"方案设计每个环节的想法

续表

项目内容	有待改进(3分)	优秀（4分）	最佳（5分）
……			

☆加分项：鼓励完成具有独立性和创造性的作品

反思与拓展

设计制作岸桥起重机模型（见图5-8）最大的难点是如何能让吊装设备灵活地在横向、纵向的轨道中运行。反思自己在整个项目活动过程中的得失，谈谈用数学工具与设计思维解决了什么问题，已有生活经验与解决实际问题有哪些关联，在使用自制岸桥起重机吊装作业时发现了哪些新问题，针对该问题提出了哪些新的改进方案。

图5-8 岸桥起重机模型

参考资料

在岸桥起重机作业过程中，悬挂重物的钢丝绳属于柔性件，会受到风和吊具提升、移动等因素的影响，使负载产生摆动，直接影响岸桥起重机的装卸效率。因而，吊具减摇技术的改进研究受到工程技术人员的广泛关注。

拓展思维

通过实践检验吊具提升、移动速度对吊具摇摆角度的影响，建立基于集装箱装卸位置的不同而有相应的小车移动的加减速的优化模型。

表 5-8 小组自测"三维"活动量规

维　度	相关同学活动
科学和工程实践：描述了科学家在研究和建构有关自然世界的模型及理论时的行为，以及工程师们在使用设计搭建的模型和系统时一系列关键的工程实践	
建立和使用模型	●设计制作岸桥起重机模型，使用其完成吊装任务，从中发现不足，提出改进方法，以满足岸桥装卸作业要求。
利用数学和计算思维	●岸桥起重机的工作范围是由无数个集装箱装卸位置（也就是点）组成的一个矩形，以此推断出该岸桥起重机运行系统由横轴、纵轴组成。
基于证据的论证	●分析所有实验数据，形成判断，并从数据中找出充足的证据支持这个判断

续表

维　度	相关同学活动
学科核心概念：涉及物质科学、生命科学、地球与空间科学及工程设计四大领域	
优化解决方案设计 解决问题的关键工具	●在对岸桥起重机工作原理理解的同时，讨论实践结果，并对各自进一步完善的想法进行比较。 ●利用平行四边形结构机械原理制作抓放工具
跨学科概念：在所有学科领域中均可运用，其本身就表明和体现了在不同学科领域中统一的思维方式	
模式 原因和结果	●使用自制岸桥起重机，预测抓箱、放箱过程。 ●观察了解岸桥起重机运行系统由横轴、纵轴组成，形成矩形工作范围

项目二 智能理货

——运用光电传感技术完成对集装箱信息的采集、存储和分类作业

背景信息

港口在国家经济发展中扮演着重要角色，而理货是海上商贸必不可少的环节。港口理货一般以人工为主，通过理货员现场眼看、手写、脑记，对进出港船舶的集装箱进行记录。工作人员需要在"酷暑头顶烈日，寒夜海风刺骨"中长年24小时不间断作业，存在准确率差、工作效率不高和易发生安全事故的隐患。

广州港"互联网+港口物流智能服务示范工程"如图5-9所示。

建议活动时间

为期6周，每周2课时。

主要术语：
理货、识别、箱号、贝位、车号

图5-9 广州港"互联网+港口物流智能服务示范工程"

项目进度

第一周	第二周	第三周	第四周	第五周	第六周
项目介绍 研究问题	制订方案 设计论证	制作智能 理货机	制作智能 理货机	组装模型 测试、优化	展示评价 反思拓展

学习目标

科　学	数　学	技术/工程
了解港口理货环境和条件；学习电路相关知识；提高逻辑思维能力	测算识别分离作业前传送带上两个集装箱之间应保持的距离，测算识别单个集装箱的速度和单个集装箱的质量	认识通过颜色识别分离集装箱的理货机；理解设计制造理货机器人面临的约束条件；通过工程设计制作理货机，解决港口理货的实际问题；运用遥感技术协助完成作业

活动准备

◇项目学习单、草稿纸、笔、尺子。

◇自选乐高或卜乐客等套件和材料。

说明事项

◇四人小组分工协作。

◇使用电机、滑轮组作业时，做好安全防护措施。

◇为了模拟完成自主识别、分离集装箱的任务，特设定一种颜色代表一类集装箱。

约束条件

◇模拟长401cm、宽201cm的场地（工作范围）。

◇集装箱配置。红、橙、黄、绿、蓝、靛、紫七种颜色的集装箱各6个；标箱尺寸：14cm×10cm×7cm；配货毛重：320g。

作业难度分级

项　目	难度系数☆☆☆☆☆		难度系数☆☆☆☆		难度系数☆☆☆	
智能理货	分类作业	集装箱	分类作业	集装箱	分类作业	集装箱
	自主识别	7种颜色	自主识别	5种颜色	自主识别	3种颜色

项目引入

讨论：从字面意义上理解"理货"的含义，联想港口码头要理货的原因。

挑战：设计一款智能理货机，能完成识别、分离货物作业。

*自选项目：设计制造一款运用光电传感技术完成对集装箱的信息采集、存储数据和分类传输作业的智能理货机。

确定需求

日益提升的航运需求对理货质量提出了更高要求；人工作业数据无法及时规整、留存，导致数据追溯、查询较难。如何改变现状？只有通过自主创新实现理货作业从人工到智能化的转变。

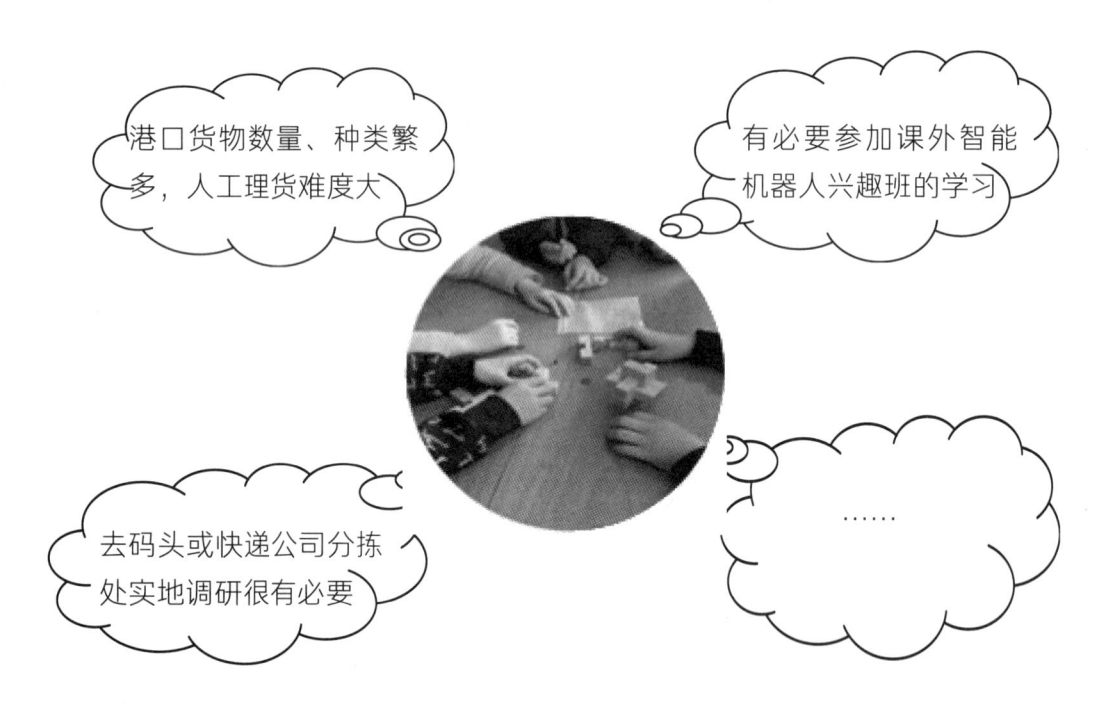

> 港口货物数量、种类繁多，人工理货难度大

> 有必要参加课外智能机器人兴趣班的学习

> 去码头或快递公司分拣处实地调研很有必要

> ……

问题聚焦

1. 实地调研。去码头实地调研，采访工人师傅，了解智能理货机的工作环境，画出智能理货机的作业流程。

2. 收集资料。收集理货机器人的相关资料，观看中国中央电视台播出的《辉煌中国》等视频。

3.科学实践。合作探究光电传感器识别不同颜色物体的工作模式(见表5-9),思考其在智能理货机上的技术应用。

表 5-9　科学实践活动设计

活动名称	活动目标	检测方案	知识概念
光波实验	检验光电传感器的识别功能	●开启乐高机器人EV3控制器电源,把光电传感器发光管靠近对准黑、蓝、绿、黄、白五种被测色块,距离一般为5mm左右,以减少外界光源的干扰,观察光值变化,记录测量结果	●光射在不同的物体(颜色)上,反射率不同。对比黑白两色,白色全部反射回去,黑色全部吸收。 ●当光在两种物质分界面上改变传播方向又返回原来物质中的现象,叫作光的反射。光具有可逆性

4.聚焦剖析。参与科学实践体验的同时,认真研读参考资料,观察集装箱货船(见图5-10),剖析智能理货的步骤和实现理货智能化需要的任务模块。

图5-10　集装箱货船

参考资料

智能理货系统是对传统人工理货方式的科技创新,它将人工理货方式中核对箱号、输入箱号、查验箱体残损、确认贝位的过程,通过采集模块、信号转换模块、验残模块等实现了智能化,实现了对信息的采集、存储、传输,实现了对集装箱装卸实况的可追溯性。

> 货物识别需要光电传感器

> 标箱分类需要机械设备来完成

> 传送带电力系统最好用36V直流电源

> ……

制订解决方案

通过科学实践和聚焦剖析过程，同学们发现了光电传感器具有较强识别不同颜色的能力，对智能编程和机械传送平台的搭建也有了一定程度的认知。下面，进入工程设计实践环节（见表5-10）。

表5-10 工程设计实践活动

活动名称	挑战目标	设计标准
智能理货	自主识别分类	●颜色传感器可识别红、橙、黄、绿、蓝、靛、紫七种颜色。传感器见到红色即停止动作。 ●将集装箱放置于智能理货机入口处。 ●智能理货机自主识别集装箱，通过传送带分离推出集装箱，按不同颜色归位

小组成员研读设计标准（见表5-10）后，明确了要解决的核心问题，收集与理货机相关的内容，记录有参考价值的资料，提出多个新颖的设计方案。

> 集装箱专供大型货船周转使用，是有统一规格的装运货物的容器。

> 智能理货系统能有效消除人工操作的安全隐患，降低理货成本。

> 智能理货系统在港口投入使用，改变了以往工作人员往返奔波于码头与货船之间的理货作业模式。

● 方案设计

依据设计要求，画出智能理货机设计图纸。图纸要整洁清晰，能准确反映组成智能理货机所需要的光电传感器系统和机械传动机构等各个部件之间的关联，对关键部分进行标注，写出材料清单（见表5-11）。

表5-11 方案设计范例（摘要）

设计方案	描 述	结果预测
设计方案1	智能理货机由颜色传感器、机械分离传送、自主计数等系统组成。 作业过程：在主传送带一侧并列有七个间隔为30cm的颜色传感器，每个颜色的传感器前端有集装箱出口及分离传送带，且与机械臂相连接；当主传送带上有对应光的一种颜色的集装箱经过颜色传感器时，发光管发光，接收管接收信号反馈到控制器，控制器即发出推送指令，机械臂启动将该集装箱推送到分离传送带上，同时计数器操作一次，并作"已计数"标志；颜色分拣传送带程序需要根据传送带的转速和集装箱尺寸，在采集两次（每次间隔0.5秒）后设置	智能理货机作业过程顺畅、基本可以替代人工操作

参考资料

集装箱在港口装运港和卸货港收受和交付货物时，船方或货主会委托理货机构负责核准箱号、理清箱数、查验集装箱残损、验封及施封工作，并依据理货结果办理交接、签证手续，向委托方及有关部门提供有关理货单证和电子信息。

科学解释

你认为智能理货机用哪些设备和先进的物联方式才可以识别集装箱残损程度？

● 交流论证

在识别、分离集装箱的过程中，常常会出现集装箱与传送带速度不协调，或间隔时间过长等问题。小组成员在对每个方案是否满足设计标准和约束条件（技术参数）进行评判的同时，要对发现的新情况、新问题提出质疑和改进方案，最终选择一个（或几个）解决方案进行建模和测试。

1. 设计思路：_____
2. 学科核心知识（或理念）：_____
3. 可行性（工作原理）：_____
4. 创新点：_____
5. 可能遇到的问题及解决方案：_____

参考资料

根据小组设计方案，阐述设计思路，清晰表达工作原理，力求制作过程的每个环节精益求精，以达到（或完成）设计要求的效果。

科学解释

在严格按照设计方案推演时，出现了新情况，你是按部就班做下去，还是重新制订新方案？

制作智能理货机模型

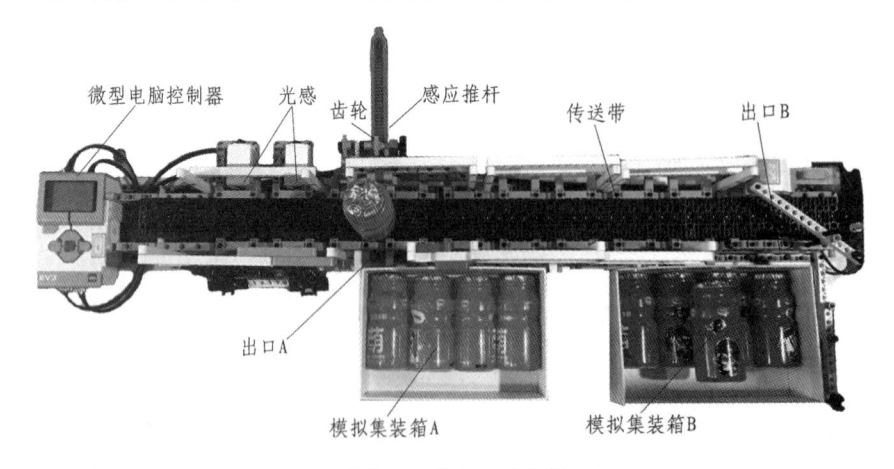

1. 制作智能理货机模型。制造智能理货机模型是极具挑战性的项目，需要小组成员在运用已有生活经验和学科知识的同时，利用课余时间学习编程技术，使理货机实现智能化。图5-11显示的是，运用编程知识将所需结构件及电子元器件进行组合，搭建智能理货机模型（注：同样大小两种颜色的饮料瓶是模拟的集装箱）。

图5-11 智能理货机模型

工作原理：使用编程软件 LEGO MINDSTORMS EV3，点击软件上的"开始"模块后，大型电机启动，传送带循环作业，彩色集装箱向前移动，光电传感器识别到"红色"跳出循环（"红色"跳出循环是指颜色传感器在等待红色，识别到红色后感应推杆将红色集装箱推出传送带），等待红色集装箱靠近出口 A，中型电机带动齿轮（旋转运动），齿轮带动齿条（直线运动），齿条推动红色集装箱进入出口 A；遇"蓝色"光电传感器不做识别，大型电机继续转动，蓝色集装箱直接进入出口 B。具体如图 5-12 所示。

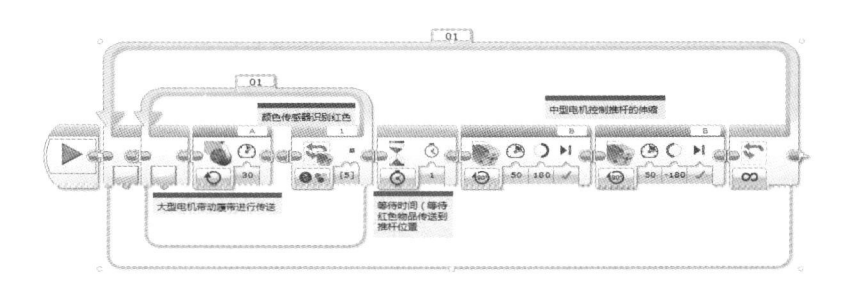

图5-12　编程软件

说明如下。

微型电脑控制器：机器人的控制中心和供电站。

颜色传感器：可识别 7 种不同的颜色，并测量光的强度。

大型电机：可完成精准有力的机器人动作。

中型电机：响应指令更快，且机器人动作保持精准。

参考资料

光电传感器是一个能够区分出不同颜色的电子部件。工作原理：光电传感器的发光二极管（发射管）发出一束白色的光，照到不同颜色的物体上，由于不同颜色对光线的吸收作用不一样（一般情况下，颜色越深，吸收越多；颜色越浅，吸收越少），反射光线的强弱也不同，接收管收到的光波信号也就不同。

2.记录数据。智能理货机方案实施过程主要包括搭建、编程两大步骤，任何一个步骤中的任何一个环节都不能出现纰漏。如果搭建出现问题，会导致理货机散架或提不起集装箱，就需要检测每个零件或更换部分零件（见表 5-12）；若是编程出现问题，就会出现理货机不启动或不识别集装箱等情况。

表 5-12 材料使用（更换）情况记录表

记录材料使用数据	
工具、材料更换理由	
方案修改依据	
材料和成本清单	
结果满意度	

测试、优化

完成智能理货机模型制作后，需在模拟现场检验智能理货机能否正常进行识别、分离集装箱作业。记录员随时录入每组测试数据，标注各环节出现的问题（见表 5-13、表 5-14）。

表 5-13 数据采集、问题诊断表

记录测试数据	发现新问题

表 5-14 智能理货机评估表

组别数据	识别数量/箱	分离数量/箱	准确分离率/%	总评
A				
B				
……				

● 科学判断

在检查改进、重新设计环节，工程师们需要根据新的数据，进行进一步研究来重新审视。在选定最后结果前，优化过程处于不断循环中。请问，检查改进、重新设计只会出现在模型测试环节吗？举例说明。

展示与评价

智能理货机经测试获得成功后，小组推选语言表达能力较强的成员进行作品结构设计及特征展示（见表5-15），参照"智能理货机"项目评价量规（见表5-16）和小组自测"三维"活动量规（见表5-17）分享成功经验，对小组及个人表现做出评价。

表 5-15　小组作品结构设计及特征

组 别	结构设计	功　能	特　点	造　价	备　注
A	智能理货机由控制器、驱动器、传感器、机械分离传送及结构套件等组成	按照程序自主完成集装箱颜色识别、分离传送、计数作业；需要人工堆放集装箱	颜色识别分辨率高、速度快；货箱与传送带速度较为协调	3900元	中鸣机器组件
B	智能理货机由控制器、驱动器、传感器、传送带及结构套件等组成	按照程序自主完成集装箱颜色识别、分离、传送作业；需要人工堆放和计数	颜色识别分辨率高、速度快；无识别破损、残缺箱体功能	4800元	乐高机器组件
C	……				

A 小组：_____。

B 小组：_____。

C 小组：_____。

建议：_____

_____。

表 5-16 "智能理货机"项目评价量规

项目内容	有待改进（3分）	优秀（4分）	最佳（5分）
设计图	没有按比例绘图，设计图做了部分标注	按比例绘图，设计图做了大部分标注	按比例绘图，设计图所有部分均做了标注，材料单完整
阐述工程问题	没有应用工程学术语阐述工程问题	应用工程学术语阐述了工程问题	应用工程学术语详细阐明了工程问题，完成综述
技术问题	解决方案中没有提及如何运用光电技术解决问题	解决方案中提及如何运用光电技术解决问题	解决方案中对运用光电技术完成采集、存储、传输作业进行详细描述
设计方案	设计方案不具有新颖性	设计方案具有一定的新颖性	设计方案具有新颖性和可行性
科学报告	科学报告语言表达较为清晰、用词较为规范	科学报告语言合乎逻辑、表达清晰、用词较为规范	科学报告语言精练，用词准确规范、通俗易懂、合乎逻辑
科学原理	方案设计或展示过程中部分运用科学原理	方案设计或展示过程中大部分运用科学原理	方案设计或展示过程中精准运用科学原理
分享交流	分享了"智能理货机"方案设计部分环节的想法	分享了"智能理货机"方案设计大部分环节的想法	分享了"智能理货机"方案设计每个环节的想法
……			
☆加分项：鼓励完成具有独立性和创造性的作品			

反思与拓展

智能理货系统的创建提高了智能理货的准确率，消除了人员操作的安全隐患，呼应了智能港口的建设，给传统的人工理货带来了一场变革。你们小组在设计智能理货机的过程中，有什么不足之处？有没有自认为是好的设计方案却实现不了的情况？原因是什么？

参考资料

理货可以理解为管理货物,是指港口工作人员对来往货物进行清点计量、分类堆存、检查残损、指导装卸、验制单证等工作。智能理货系统的投入使用,意味着理货从劳动密集型产业向技术密集型产业转型,能有效促进港口产业的转型升级。

拓展思维

学习运用光电传感识别技术,尝试增加智能理货机计数和查验货物残损的功能。

表 5-17 小组自测"三维"活动量规

维 度	相关同学活动
科学和工程实践:描述了科学家在研究和建构有关自然世界的模型及理论时的行为,以及工程师们在使用设计搭建的模型和系统时一系列关键的工程实践	
提出问题和明确需解决的难题 分析和解释数据 建构解释和设计解决方案	● 解决识别、分离货物问题,利用现有的光电传感及编程技术,搭建相应的运行系统。 ● 分析解读在实验中收集到的数据,利用这些数据分析改进模型。 ● 自制一款智能理货机模型,并与其他小组的模型及收集到的数据结合,进一步完善模型设计方案
学科核心概念:涉及物质科学、生命科学、地球与空间科学及工程设计四大领域	
具体学科知识组织中的关键概念 解决问题的关键工具	● 集装箱颜色深浅不同导致反射光线的强弱不同,传感器接收到的光波信号也不同。 ● 利用光电传感器具有发出、接收和识别光波的功能,可完成识别、分离集装箱作业
跨学科概念:在所有学科领域中均可运用,其本身就表明和体现了在不同学科领域中统一的思维方式	
模式 尺度、比例和数量	● 设计制作智能理货机模型,使用模型预测识别、分离货物的结果。 ● 将集装箱的标准尺寸和超载计量等数据作为设计模型的参考

参考文献

[1] 中国江苏网. 港口集装箱码头进入智能理货时代 年底前全线运行 [EB/OL].（2019-10-10）. http://www.chinaports.com/portlspnews/2135.

[2] 现代港口物流网. 海康威视港口集装箱智慧理货可视化系统促港口智慧化升级 [EB/OL].（2019-05-22）. http://www.xdgkwl.com/gy/info_24.aspx?itemid=4991.

项目三 堆存翻箱

——优化码头堆存翻箱技术 有效降低作业成本

背景信息

随着世界经济一体化、全球化发展及市场经济的不断完善，我国对外贸易量迅速增加，港口集装箱的吞吐量逐年高速增长，全对各个港口的经营管理、作业效率、服务质量等提出了更高的要求。集装箱堆场是港口码头作业中最为复杂的部分，将堆场资源进行优化配置，对提高码头整体效率起着至关重要的影响。场式起重机作业现场如图5-13所示。

建议活动时间

为期3周，每周2课时。

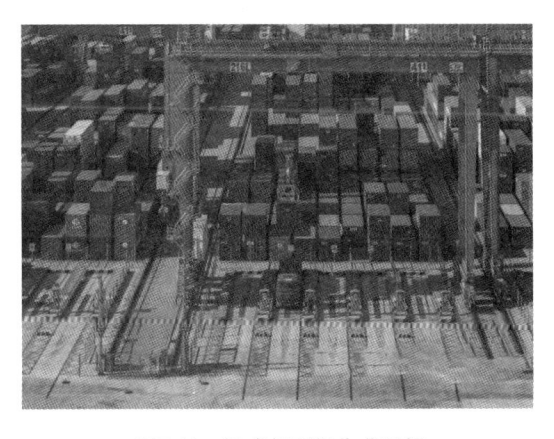

图5-13 场式起重机作业现场

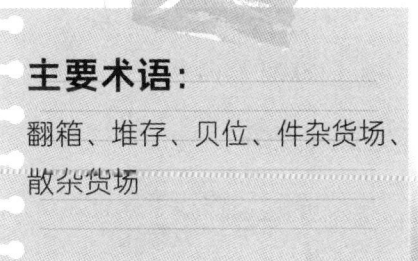

主要术语：

翻箱、堆存、贝位、件杂货场、散杂货场

项目进度

第一课时	第二课时	第三课时	第四课时	第五课时	第六课时
项目介绍	研究问题	设计堆存货物方案	设计堆存货物方案 建立数学模型	测试、优化	展示评价 反思拓展

学习目标

科　学	数　学	技术/工程
了解集装箱码头的工作环境和货物堆放情况；运用数学思维完成方案设计；理解变滑动摩擦为滚动摩擦，可以减小摩擦的科学道理	测算堆场各区之间的距离和提箱速度	理解解决集装箱码头货物堆存、翻箱、提箱等问题面临的约束条件；了解已有堆存翻箱技术；通过工程设计优化港口堆场堆存作业，改进翻箱技术，提高码头作业效率

活动准备

◇ 项目学习笔记本、草稿纸、笔、尺子。

◇ 自选乐高或卜乐客等套件及材料。

◇ 自选遥控装卸车方案。

说明事项

◇ 四人小组分工协作。

◇ 堆放、装卸货物时注意安全。

约束条件

◇ 模拟长 401cm、宽 201cm 的场地 (工作范围)。

◇ 集装箱配置。黑、蓝、绿、黄、白色集装箱分别是 13 个、8 个、11 个、6 个、5 个；标箱尺寸：14cm × 10cm × 7cm；配货毛重：320kg。

作业难度分级

项　目	难度系数 ☆☆☆☆☆		难度系数 ☆☆☆☆		难度系数 ☆☆☆	
堆存翻箱	堆放作业	装卸车模型	堆放作业	装卸车模型	堆放作业	装卸车模型
	智能编程	自制	遥控操作	购买	遥控操作	购买

项目引入

讨论：请同学们解释"翻箱"的意思，谈谈如何使码头上种类繁多的集装箱和繁杂的货物存取有序。

挑战：设计最优货物堆存方案并建立数学模型，提高码头作业效率。

*自选项目：利用智能编程，实现自主、科学堆存货物的目标。

确定需求

港口的高效运作离不开现代技术的应用，工程师们认为通过优化码头堆场资源配置及改进翻箱技术，可有效降低码头作业成本，提高作业效率。在设计场地时，需要考虑是否便于排水，便于车辆、装卸机械设备的通行及消防安全等因素。

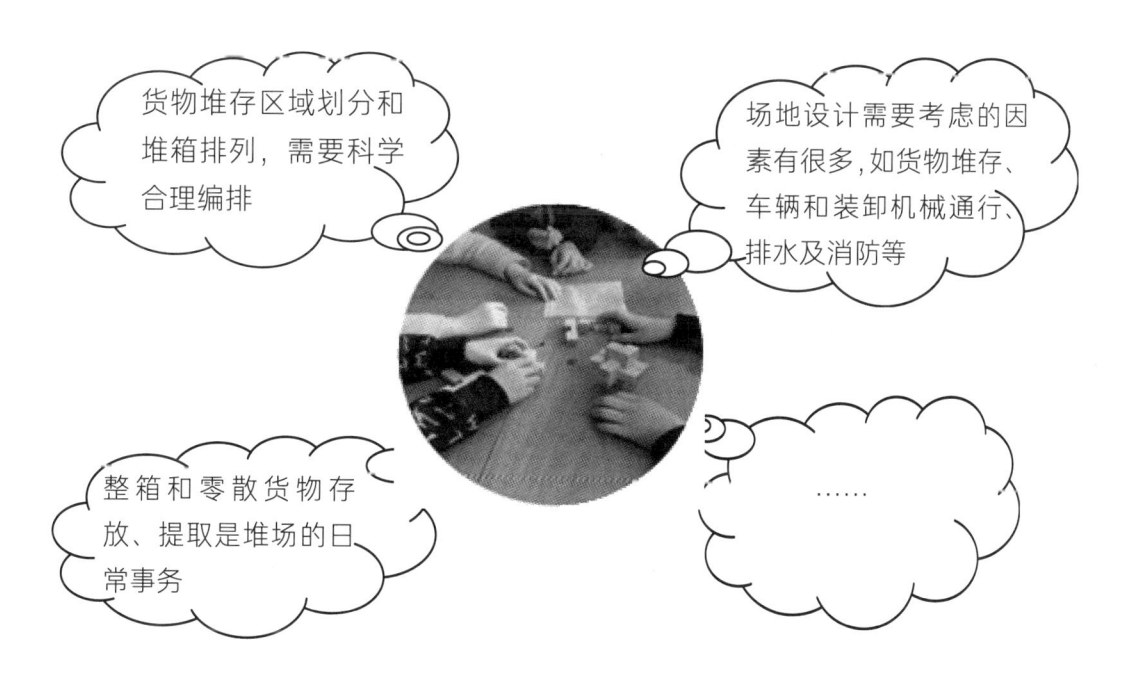

- 货物堆存区域划分和堆箱排列，需要科学合理编排
- 场地设计需要考虑的因素有很多，如货物堆存、车辆和装卸机械通行、排水及消防等
- 整箱和零散货物存放、提取是堆场的日常事务
- ……

问题聚焦

1. 实地考察。到码头堆场参观了解码头货物堆存及运转情况，草绘码头货物分类堆存图。

2. 资料收集。在网络上搜索《辉煌中国》之《中国港》等相关视频，了解先进的货物堆存方法。

3. 科学实践。探究码头货物分类堆存、翻箱提箱方案的优化问题（见表5-18）。

表 5-18 科学实践活动设计

活动名称	活动目标	检测方案	知识概念
比比谁最快	优化箱区、贝位堆存方案	●集装箱无序堆放、无编号。 ●集装箱并列摆放、有编号。 两种存放方式，均随机提箱三件，测试比对提箱速度	●三维坐标系即使用三个参数来标示三维空间中的每一个点。 ●两点之间线段最短是线段公理。 ●数学上，序列是被排成一列的对象（或事件）

4. 聚焦剖析。在参与科学实践活动的同时，研读以下参考资料，观察集装箱堆场布置及设施（见图 5-14），从数学思维角度剖析在满足什么条件的情况下，你可从偌大的堆场很快找到某集装箱。

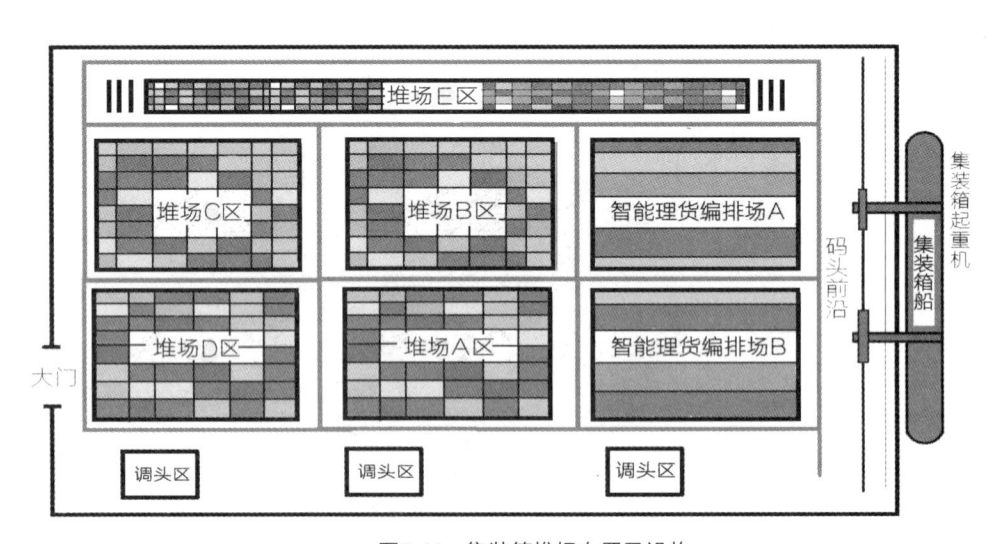

图5-14 集装箱堆场布置及设施

参考资料

集装箱堆场是指集装箱码头内或码头周边地区主要用于办理整箱货物交接、保管和堆存的场所，一般包括集装箱编排场、码头前沿堆场等（见图 5-14）。

> 将堆存期较长的集装箱与其他集装箱分列堆放

> 尽量做到进口箱不压堆场上的原有集装箱

> 对于进口空箱，与客户采取事先预约的方式，实现"零翻箱"

> ……

制订解决方案

从以上的集装箱堆场布置及设施（见图 5-14）和参考资料中获知堆场的功能和编排信息，对方案设计有很大帮助。下面，进入工程设计实践环节（见表 5-19）。

表 5-19　工程设计实践活动

活动名称	挑战目标	设计标准
堆存翻箱	优化堆场资源配置	● 堆场区域应具备码头堆场、编排场、进口箱、空箱、杂货场和交接处，以及车辆、消防通道、排水系统等。 ● 货物排列有序、存取高效，减少翻箱。 ● 在约束条件范围内规划，不得逾越

在实地考察调研和研读设计标准（见表 5-19）的基础上，描述堆存方案设计细节和注意事项，提出多个方案，记录在笔记本上。

> 集装箱可以分为进口箱、出口箱、提箱和待分配箱四种不同状态的箱型。

> 集装箱进口流程：船舶进港—岸桥卸货—拖车运输—场桥移箱—堆场堆存

> 常用的堆存方案有水平面横竖轴作业和垂直顺序作业。

● 方案设计

为提高码头货物堆存和提取作业效率，需考虑的事项比较多。首先，考虑装卸机械和车辆通道；其次，考虑客户提箱顺序、新进集装箱堆放；再次，考虑货物分类堆放；最后，考虑排水及消防通道等。图5-15显示的是学生设计的集装箱堆场箱区分布图，供参考。

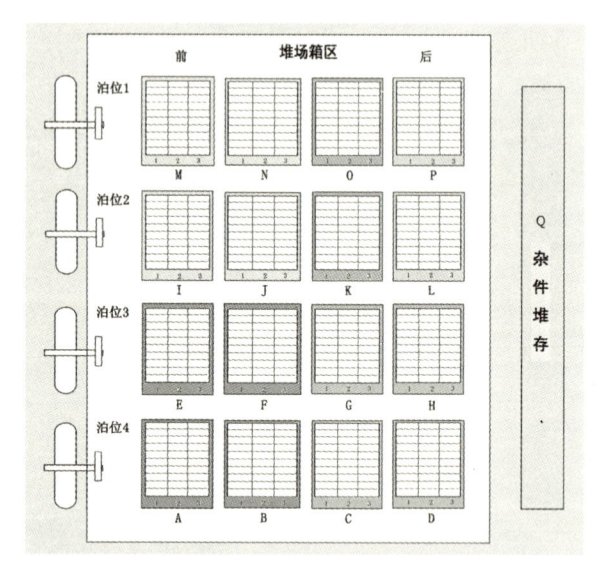

图5-15 集装箱堆场箱区分布图（学生作品）

● 设计理念

一般情况下，进出口船舶和货物提取需要提前报备，为此可提前做好周期计划周期。根据每个计划周期内所有进出口箱的数量统计，运用数学思维方法，确定每艘船舶的停靠泊位和分配到各箱区、各贝位中集装箱的数量，在一定程度上可缩短船舶在港停泊时间，提高集装箱码头作业效率，降低码头作业成本。

箱区分布：A、B、E、F为进口箱区；I、J、M、N为出口箱区；C、D、G、H为提箱区；K、L、O、P为空箱区；Q为杂件堆存区。

● 交流论证

要成为一名优秀的工程师，需要经过长期的主动学习锻炼，同时具备与他人沟通的技巧和善于表达的能力等基本素质。下面，用专业术语解释小组设计的货物堆存方案的优势，其中用到了哪些数学工具？有什么地方需要改进？期望获得哪些帮助？

A 小组：_____。

B 小组：_____。

C 小组：_____。

建议：_____

_____。

> **参考资料**
>
> 箱区是指码头堆场堆放集装箱的区间位置。集装箱堆放在堆场的位置是堆场箱位。堆场箱位一般由箱区、排、列、层组成，通常会用一组代码来表示。箱区的编码一般用一个或两个英文字母表示。箱位号（同贝位号）由六位阿拉伯数字组成，前两位表示集装箱的排号（行号），中间两位表示集装箱的列号，后两位表示集装箱的层号。

科学实践

简述堆场箱位代码 B030612 表示的含义。

建立数学模型

1.建立数学模型。码头堆场是临时存放进出口集装箱的中转站，并具有重箱及空箱的交接、货运、检验和修理等功能。堆存翻箱方案必须有利于提高货物堆存和提取效率。图 5-16 是学生设计的堆场布置数学模型。同学们在认真研读、提出质疑的情况下，分工协作完成建模。

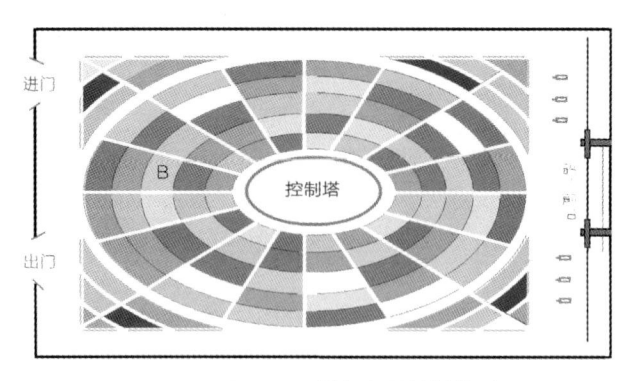

图5-16 堆场布置数学模型

科学合理安排箱区和箱位，不仅可以降低翻箱率、缩短岸桥起重机等箱时间，提高码头装卸速度，而且可以最大限度地提高堆场利用率和码头通过能力，降低码头作业成本。

（1）本堆场箱区摆放设计为圆形，灵感来自畅通无阻的"新疆伊犁八卦城"（图5-16中各个色块均为箱区，较宽的白色直线和曲线均为互联通道）。每个箱区（如B区）的集装箱排号（行号）均以"控制塔"为圆心，顺时针方向排列。

（2）码头堆场堆放集装箱的箱位号应与船舶贝位号一一对应，每个箱区要留有翻箱位，便于移箱、提箱和翻箱作业。

2.记录数据。集装箱码头堆场翻箱主要存在提箱翻箱和装船翻箱两种情况。如果装船顺序与堆场堆存顺序不匹配，或客户提箱顺序与出口堆场安排的顺序不匹配，会对港口服务效率产生直接影响，导致作业成本增加。小组成员应随时记录数据（见表5-20），便于改进。

表 5-20 材料使用（更换）情况记录表

记录材料使用数据	
工具、材料更换理由	
方案修改依据	
材料和成本清单	
结果满意度	

测试、优化

依据设计标准和约束条件,各小组随机抽取三个集装箱的堆场箱位代码,自选装卸车从模拟区域大门进入堆场区,以最快的速度准确找到该集装箱,运至指定位置(见图 5-17),用以检验其堆存翻箱方案设计的科学性、实用性。相关数据录入堆存翻箱评估表(见表 5-21)和数据采集、问题诊断表(见表 5-22)。

图5-17 叉车作业

表 5-21　堆存翻箱评估表

组别数据	提箱准确率 /%	提箱效率 /%	堆存整齐	总　评
A				
B				
……				

表 5-22　数据采集、问题诊断表

记录测试数据	发现新问题

● 科学判断

集装箱在堆场的位置分配和堆垛是集装箱堆场管理的重要环节,受到物流方面专家学者的广泛关注。有些专家学者提出混合顺序堆场作业模式,有些专家学者运用数学规划方法建立动态管理模式,请指出其合理性。

展示与评价

堆存翻箱方案设计经测试获得成功后,小组代表对作品结构设计及特征进行展示(见表5-23),依据"翻箱堆存"项目评价量规(见表5-24)和小组自测"三维"活动量规(见表5-25),与广大师生分享成功经验,对小组或个人的表现做出评价。

表5-23 小组作品结构设计及特征

组别	结构设计	功能	特点	造价	备注
A	箱区、集装箱排号均以"控制塔"为圆心,顺时针方向排列(排水槽顺势而建),三层堆垛	为进出口集装箱中转站;具有重箱及空箱的交接、货运、检验和修理功能;有防火、排水设施	存箱、提箱货运行车顺畅,翻箱效率高;堆场中心区域摆放散货	约5元	纸张绘制二维平面图
B	箱区、集装箱排号按"Z"字形摆放,三层堆垛;控制塔、货场进出口一字排列	存放进出口集装箱;具有重箱及空箱的交接、货运、检验和修理功能	存箱、提箱货运行车较为顺畅,翻箱效率高;箱区分布均匀	约160元	三维立体模型展示(木块)
C	……				

甲:我的个性创意设计＿＿＿＿＿＿＿＿＿＿＿＿＿＿＿＿＿＿＿＿＿＿＿＿。

乙:我们小组的设计借用了四通八达的环形路＿＿＿＿＿＿＿＿＿＿＿＿＿＿。

A小组:C小组不同凡响的创意＿＿＿＿＿＿＿＿＿＿＿＿＿＿＿＿＿＿。

…………

表5-24 "堆存翻箱"项目评价量规

项目内容	有待改进(3分)	优秀(4分)	最佳(5分)
设计图	未按照比例绘图,设计图做了部分标注	按比例绘图,设计图做了大部分标注	按比例绘图,设计图所有部分均做了标注
阐述工程问题	没有使用工程学术语阐述工程问题	使用工程学术语阐述部分工程问题	使用工程学术语详细阐明了工程问题,完成综述

续表

项目内容	有待改进（3分）	优秀（4分）	最佳（5分）
解决方案	没有切分问题并提出解决方案	切分问题，解决方案表述不清晰	切分问题，解决方案表述详尽、清晰
堆存技术	设计方案中未重视堆存技术	设计方案中简单说明堆存技术	设计方案中对堆存技术提出多种可能
分享交流	分享了"堆存翻箱"方案设计部分环节的想法	分享了"堆存翻箱"方案设计大部分环节的想法	分享了"堆存翻箱"方案设计的每个环节的想法
科学原理	方案设计或展示过程中部分运用科学原理	方案设计或展示过程中大部分运用科学原理	方案设计或展示过程中精准确运用科学原理
科学报告	科学报告语言表达较为清晰、用词较为规范	科学报告语言合乎逻辑、表达清晰、用词较为规范	科学报告语言合乎逻辑、表达清晰、用词规范、通俗易懂
……			

☆加分项：鼓励完成具有独立性和创造性的作品

反思与拓展

堆场的主要作用是便于货物存取，缩短车船周转时间，提高港口通过能力。试想，小组设计方案是否具有较好的通过能力及货物存取能力？在测试、优化过程中，改进部分与最初设计意图有何差距？为什么？设计方案是否运用了现代信息技术？

参考资料

货场堆存的集装箱繁杂、五花八门，有干货集装箱、散货集装箱、液体货集装箱、冷藏集装箱、汽车集装箱、牲畜集装箱、挂衣集装箱、框架集装箱等，管理任务艰巨。

拓展思维

面对繁杂的集装箱和需求不一的堆场，请出台一项"散货和集装箱堆场安全管理制度"。

表 5-25　小组自测"三维"活动量规

维　度	相关同学活动
科学和工程实践：描述科学家在研究和建构有关自然世界的模型及理论时的行为，以及工程师们在使用设计搭建的模型和系统时一系列关键的工程实践	
开发和利用模型 分析和解释数据	● 设计新颖的货物堆存模型，利用模型进行提箱、翻箱作业，检验货物存取的效率。 ● 评价小组的项目设计方案，确定优势和不足之处，随后改进设计并重新测试
学科核心概念：涉及物质科学、生命科学、地球与空间科学及工程设计四大领域	
定义和界定工程问题	● 降低翻箱率，最大限度地提高堆场利用率和码头通过能力，需要运用数学思维，优化已有的堆存翻箱方案。收集相关堆存翻箱及设计信息，以提出新设想
跨学科概念：在所有学科领域中均可运用，其本身就表明和体现了在不同学科领域中统一的思维方式	
模式 种类、尺寸和数量	● 设计堆场布置模型，对模型的实用性、合理性进行测试。 ● 了解集装箱的种类、尺寸和数量，作为方案设计的重要参考依据

NO SMOKING

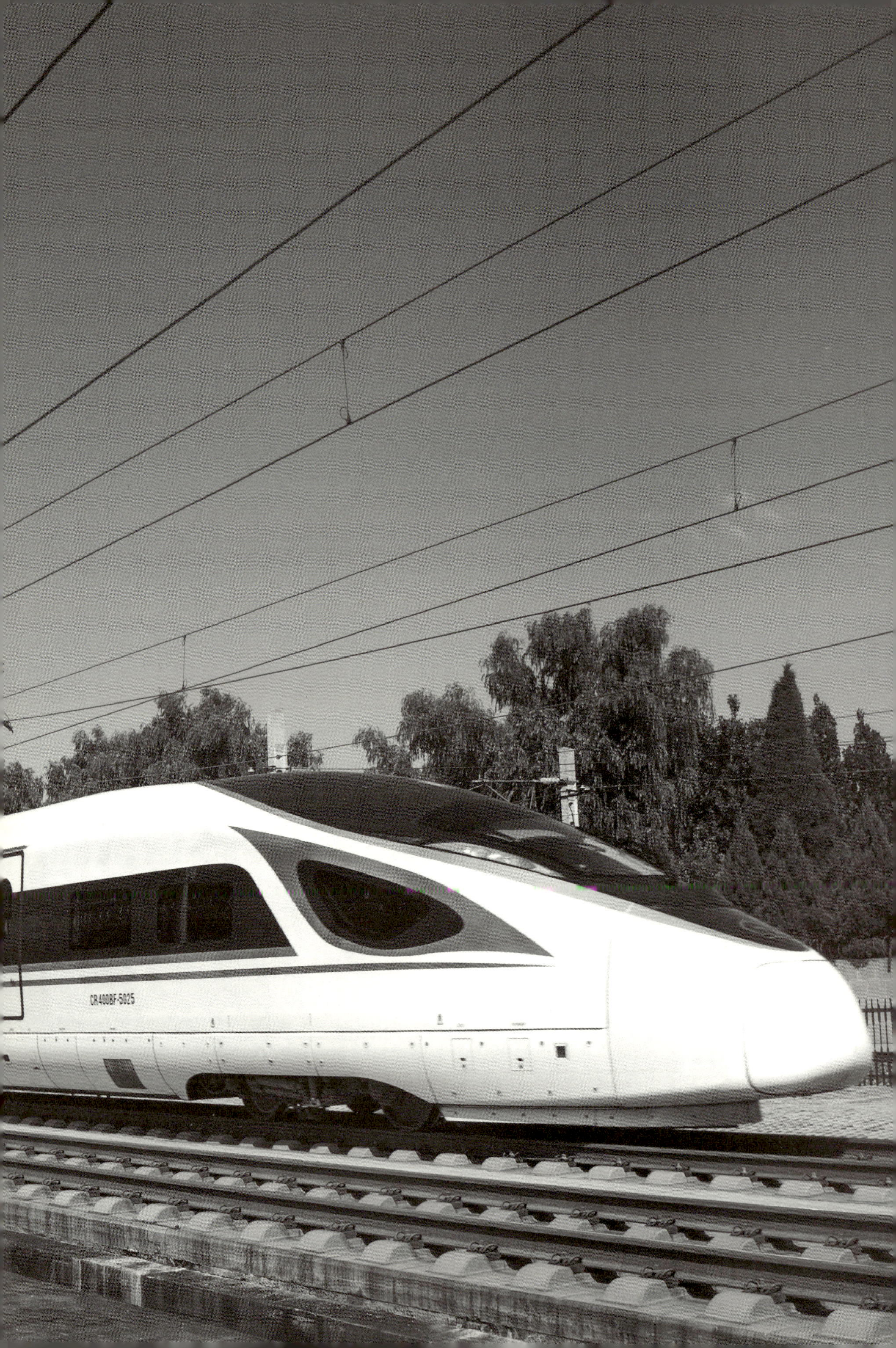
CR400BF-5025

第六单元　中国车

随着社会的发展，时代的变迁，人类从蒸汽机车时代，历经内燃机车、电力机车时代，到如今高铁、地铁、轻轨、磁悬浮列车、空中列车的新时代。如今，在约960万平方千米的广袤大地上，铁路纵横密织成网，高铁、动车飞驰，"千里江陵一日还"的愿景已经成为亿万国人的日常。

本单元围绕"中国车"主题，选择了具有划时代意义的"蒸汽机车""电力机车""空中列车"三个STEAM项目，旨在领略远去的"工业时代标本——蒸汽机车"之魅力，深度挖掘其蕴含的科学原理；揭秘电力机车（动车组）通过受电弓从接触网上受电，及采用"之"字形接触网的科学道理；探究新型悬挂式单轨交通系统——空轨技术，运用力学、电学、机械工程等学科知识及数学思维，自主完成"空中列车"的设计制作，培养良好的解决问题的能力和逻辑思维能力。

项目一　蒸汽机车

——设计把蒸汽的热能转化为机械能的火车

背景信息

斯蒂芬森被誉为"铁路之父",他的父亲是一名在蒸汽机房里烧锅炉的煤矿工人。儿时的斯蒂芬森喜欢拆装报废的泵机,因此对蒸汽机的内部结构和工作原理了如指掌。有一天,他突发奇想,如果把蒸汽机和马车车厢连在一起,不是可以拉更多更重的东西吗? 1825年,斯蒂芬森为世界上第一条客运铁路——斯托克顿—达灵顿铁路,制造了第一台真正意义上的蒸汽机车——"机车一号"。

蒸汽机车如图6-1所示。

建议活动时间

为期3周,每周2课时。

图6-1 奋力爬坡的蒸汽机车

主要术语:

主轮、从轮、双向式汽缸、多管锅炉、踏面

项目进度

第一课时	第二课时	第三课时	第四课时	第五课时	第六课时
项目介绍	聚焦制作蒸汽机车之关键问题	设计画图制作蒸汽机车	制作蒸汽机车	制作蒸汽机车测试、优化	展示评价反思拓展

学习目标

科　学	数　学	技术/工程
理解能量的多种形式及能量间的转化；清楚锅炉安全阀的重要性；深入了解蒸汽机的做功过程对生产力发展所起的作用及对环境的影响	选用适合的工具或方法测算汽缸双向进气口之间的距离和口径大小、机车运行速度和承载质量	了解蒸汽机车的机械结构和工作原理；运用蒸汽机基本原理，设计制造可正常行驶的蒸汽机车

活动准备

◇项目学习单、草稿纸、笔、剪刀、卷尺。

◇自选可乐易拉罐、矿物油或固体酒精、医用注射器、玩具车车轴轮、医用输液软管、塑料片、安全阀（自制）等。

说明事项

◇四人小组分工协作。

◇做好安全防护措施。

约束条件

◇利用蒸汽机工作原理制作一台铁路蒸汽机车，不得使用其他动力。

作业难度分级

项　目	难度系数☆☆☆☆☆		难度系数☆☆☆☆		难度系数☆☆☆	
蒸汽机车	锅炉、汽机	实物	锅炉、汽机	实物	锅炉、汽机	实物
	多管锅炉、双向式汽缸	仿真	整体锅炉、单向式汽缸	仿制	整体锅炉、汽轮机传动	模仿

项目引入

讨论：谈谈蒸汽机车（见图6-2）的动力从哪里来。

挑战：设计制造能在蒸汽产生的动力驱使下行进、有一定承载能力的微型蒸汽机车。

*自选项目：设计制造能在蒸汽产生的动力驱使下载人前进的微型蒸汽机车。

图6-2 蒸汽机车

确定需求

蒸汽机的发明解决了大型机器生产作业中的动力问题，推动了机械工业甚至是18世纪的工业革命。蒸汽机车就是一种以蒸汽引擎为动力来源的铁路机车。如何利用蒸汽机工作原理制造蒸汽机车是我们当前需要解决的问题。

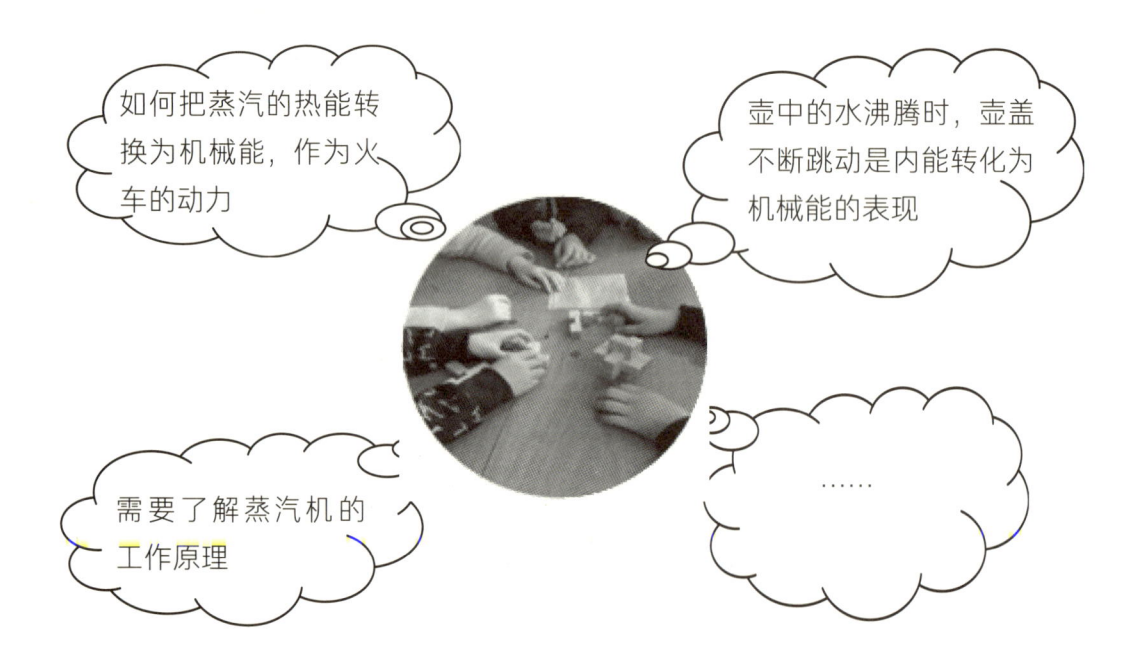

> 如何把蒸汽的热能转换为机械能，作为火车的动力

> 壶中的水沸腾时，壶盖不断跳动是内能转化为机械能的表现

> 需要了解蒸汽机的工作原理

> ……

问题聚焦

1. 考察探究。利用节假日到火车博物馆，近距离观察蒸汽机车，了解其机械结构和工作原理，在笔记本上画出蒸汽机车的工作原理草图。微型蒸汽机车模型如图6-3所示。

图6-3 微型蒸汽机车模型

2.收集资料。通过互联网收集蒸汽机车的相关资料,观看《达人铺铁轨自制微型蒸汽小火车》等网络视频。

3.科学实践。探究蒸汽机的工作原理和能量转化过程(见表6-1),从实际出发,讨论如何利用现有材料和方法制造微型蒸汽机。

表6-1 科学实践活动设计

活动名称	活动目标	检测方案		知识概念
汽轮机动力挑战	●测算热能通过汽轮机转换为机械能的工作效率	在同等的时间内,采用同样的热源、同样的锅炉产生高压蒸汽	●通过喷嘴使汽轮机旋转带动机车前行	●水加热后,会产生高压蒸汽(高于大气压的蒸汽),使它在汽缸中膨胀来做功
单向式汽缸动力挑战	●测算热能通过单向式汽缸推动活塞做功大小		●通过单向式汽缸推动活塞做往复运动	●单向式气缸(即只在活塞一端进汽,靠大气压力实现反向运动)

4.聚焦剖析。同学们在相互倾听和交流的同时,认真研读以下参考资料,观察双向式汽缸工作示意图(见图6-4),谈谈汽缸活塞做往复运动和热能转化为机械能的科学原理。

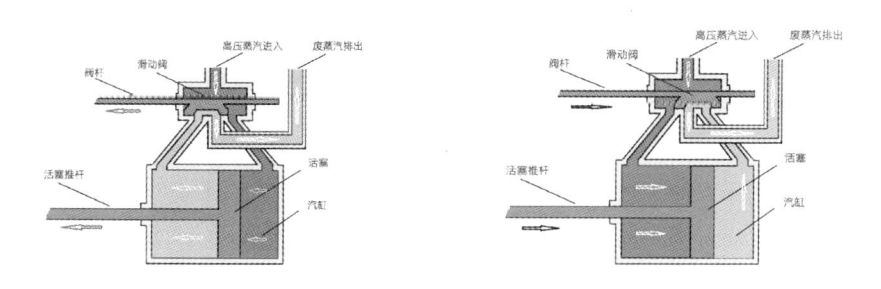

图6-4 双向式汽缸工作示意图

参考资料

蒸汽机原理:在蒸汽锅炉中,燃烧过程使水沸腾产生高压蒸汽,受滑动阀控制交替进入汽缸的左侧或右侧;同时,废蒸汽从右侧或左侧排气管排出,推动活塞左右移动做功。这个过程循环往复。

最初的蒸汽机车是借助于大飞轮的旋转惯性动力，保持汽缸活塞的往复运动

通过实验得知，单向式汽缸的活塞往复运动的间隔时间长，动力不足

自制的蒸汽机车用什么作为锅炉热源，可以产生足够的热能

……

制订解决方案

通过完成科学实践活动（见表6-1）和聚焦剖析，我们弄懂了蒸汽机的工作原理和能量转化过程。下面，进入工程设计实践环节（见表6-2）。

表6-2 工程设计实践活动

活动名称	挑战目标	设计标准
设计制作蒸汽机车	制作仿真蒸汽机车	●运用多管锅炉和双向式汽缸的工作原理制作铁路蒸汽机车。 ●锅炉可用啤酒易拉罐（直径7cm、长17cm）制作，牵引四节以上车厢。 ●锅炉须设计安装有效的安全阀

依据设计标准（见表6-2），通过互联网搜索、阅读相关资料和到博物馆实地参观，加深对多管锅炉、双向式汽缸工作原理的理解，提出多个设计方案，将其写在笔记本上。

> 将圆柱体锅炉改为多管锅炉能极大地改善热交换效率，使蒸汽机如虎添翼。

> 当火车快速通过弯道时，容易出轨。为此，工程师们设计了前置导轮，避免了出轨事故的发生。

> ……

● 方案设计

设计方案要描述蒸汽机车的工作过程，画出清晰图样，标注关键部分。表 6-3 是学生的设计方案，供参考。

表 6-3　方案设计范例（摘要）

设计方案	草　图	描　述	结果预测
设计方案 1	（出气口、叶片、传送带、高压蒸汽、水箱、火）	本方案采用的是涡轮蒸汽机，让类似于风车结构的叶片在高压蒸汽的冲击下旋转，再利用传送带带动车轮向前行驶	涡轮蒸汽机耗能大，产生的动力较小

参考资料

蒸汽机车是利用蒸汽机，使机车运行的一种铁路机车。蒸汽机靠蒸汽的膨胀作用做功。煤填入炉膛后，经过燃烧，使锅炉中的水加热并汽化，形成 400℃ 以上的高压蒸汽；高压蒸汽进入蒸汽机汽缸后推动活塞做往复运动；活塞通过连杆、摇杆，将往复直线运动变为轮转圆周运动，带动机车动轮旋转，从而牵引列车前进。

科学解释

你认为以上参考资料对设计制作蒸汽机车有哪些启示？

●交流论证

小组成员对提交的每个方案是否满足设计标准和约束条件（技术参数）进行评判，选择一个（或几个）解决方案进行建模和测试。

1. 设计思路：_____
2. 学科核心知识（或理念）：_____
3. 可行性（工作原理）：_____
4. 创新点：_____
5. 可能遇到的问题及解决方案：_____

参考资料

蒸汽机车由锅炉与汽缸、"活塞+连杆"机构、配汽机构、支架和车轴轮等构成，是将蒸汽的热能转换为机械能的往复式动力机械。

科学解释

有同学建议气缸、活塞用医用注射器替代，活塞缸用石墨（铅笔芯）润滑，慎用油润滑，否则一旦产生油垢，摩擦力会很大。你认为这种说法有科学道理吗？

制作蒸汽机车模型

1. 制作蒸汽机车模型。要遵循最终设计方案。例如，要选用健康环保、安全可靠的矿物油或固体酒精作为燃料。图 6-5 显示的是单向式蒸汽机车模型及原理图，供参考。

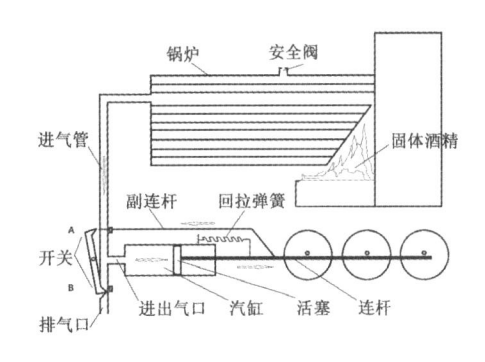

图6-5 单向式蒸汽机车模型及原理图

工作原理：当进气口开关打开时，高压蒸汽从进气管进入汽缸，推动活塞向右移动做功；当排气口开关打开，进气口开关关闭时，活塞在回拉弹簧的作用下向左移动。如此周而复始。

2.记录数据。蒸汽机车车轮在众多人眼中就是个轮子。事实上，蒸汽机车车轮有主动轮、从轮和导向轮之分，车轮的配重、轮缘和踏面的尺寸均要通过科学、精准的计算得出。

仔细观察蒸汽机车车轮组图（见图6-6），你会发现主动轮和从轮外观各异，两个主动轮也有所不同。这其中蕴含着动力学、平衡学等科学原理。各小组对蒸汽机车每个部件的选材和制作要认真细致，并做好记录（见表6-4）。

图6-6 蒸汽机车车轮组图

表6-4 材料使用（更换）情况记录表

记录材料使用数据	
工具、材料更换理由	
方案修改依据	
材料和成本清单	
结果满意度	

测试、优化

完成蒸汽机车模型制作后,在第四单元(项目三"中欧班列")制作好的铁路上行驶,检验蒸汽机车的平稳性、承载能力、运行速度。记录员随时记录测试数据(见表6-5),标注各环节出现的问题,对发现的问题和不足及时讨论,并提出改进措施。

表6-5 数据采集、问题诊断表

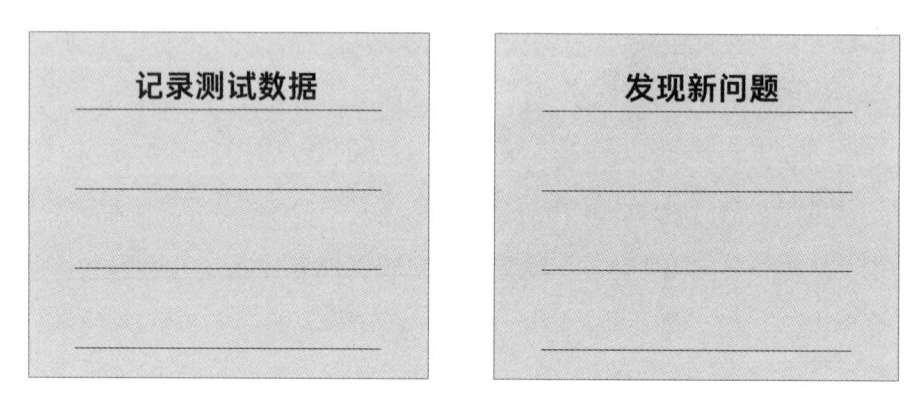

记录测试数据	发现新问题

☆安全警示:(1)锅炉点燃前,必须检查安全阀是否正常;(2)锅炉点燃后处于高温状态,严禁与肌肤及易燃物品接触。

参考资料

蒸汽机车的行走部分由弹簧悬挂装置、轮对、导轮、主动轮、从轮、轴箱、导轮转向架、从轮转向架和牵引装置等构成。机车前转向架上的小轮对叫导向轮对,机车前进时,它在前面引导,使机车顺利通过曲线。机车中部能产生牵引力的大轮对叫主动轮。机车后转向架上的小轮对叫从轮。

科学解释

将导轮、从轮都换成主动轮可以吗?会产生什么后果?现实生活中其他交通工具需要设计导轮和从轮吗?

● 科学判断

轮箍的轮缘和踏面是与钢轨直接接触的部分。为确

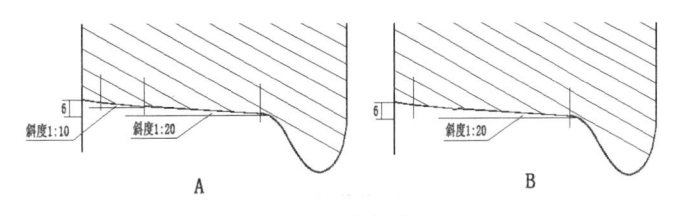

图6-7 轮箍外形图

保轮对在钢轨上平稳运行，顺利通过曲线，降低轮箍磨耗，轮缘和踏面全部设计了特殊的外形。我们从轮箍外形图（见图6-7）可以看出，整个踏面呈锥形。结合机车在曲线上的运行状态，从离心力使踏面与轨道接触面产生位移的角度，阐述踏面设计成锥形的科学道理，并判断正确的踏面设计是A（踏面有1：20和1：10两段斜面）还是B（踏面只有1：20一段斜面）。

展示与评价

本环节要求小组展示作品结构设计及特征（见表6-6），清晰表达能量转化过程，阐述能量与物质、结构与功能的必然联系，清晰表达蒸汽机车最终的速度表现与什么有关，其中蕴含什么科学道理。参照"蒸汽机车"项目评价量规（见表6-7）和小组自测"三维"活动量规（见表6-8）对小组及个人的表现做出评价。

表6-6 小组作品结构设计及特征

组　别	结构设计	功　能	特　点	造　价	备　注
A	单向式蒸汽机车主要由单汽缸、活塞、连杆、回拉弹簧、锅炉、供热源、安全阀、车架、车轮等组成	手动模式启动或停车；具有在轨道上行进的能力和一定的承载能力	整体锅炉，活塞单向推动做功；启动速度慢，承载能力较差	200元	废物利用
B	双向式蒸汽机车主要由锅炉与汽缸、"活塞+连杆"机构、配汽机构、支架和车轴轮、安全阀等构成	手动模式启动或停车；具有在轨道上平稳运行能力和一定的承载能力	多管锅炉，活塞双向推动做功；启动速度较快，运行顺畅，承载能力较强	300元	废物利用
C	……				

A 小组：_____。

B 小组：_____。

C 小组：_____。

建议：_____。

表6-7 "蒸汽机车"项目评价量规

项目内容	有待改进（3分）	优秀（4分）	最佳（5分）
阐述工程问题	未使用工程学术语阐述工程问题	使用工程学术语阐述了部分工程问题	使用工程学术语详细阐明了工程问题，完成综述
解决方案	解决方案中没有阐述热能转化为机械能的工作原理	解决方案中阐述了热能转化为机械能的工作原理	解决方案中详细阐明了述热能转化为机械能的工作原理
获取信息的能力	没有从收集的资料中提取有效信息	从收集的资料中提取了一些有效信息	通过收集资料获得有价值的信息，解释并帮助完成任务
设计图	没有按比例绘图，设计图做了部分标注	按比例绘图，设计图做了部分标注	按比例绘图，设计图所有部分均做了标注，材料单完整
学科知识	方案设计中仅提及能量转化知识的应用	方案设计中提及能量转化和压强等学科知识的应用	方案设计中阐明了能量转化、惯性、压强、摩擦力等学科知识的应用
科学报告	科学报告语言表达较为清晰、用词较为规范	科学报告语言合乎逻辑、表达清晰、用词较为规范	科学报告语言合乎逻辑、表达清晰、用词规范、简明扼要
科学原理	方案设计或展示过程中没有运用科学原理	方案设计或展示过程中部分运用科学原理	方案设计或展示过程中精准运用科学原理
分享交流	分享了"蒸汽机车"方案设计部分环节的想法	分享了"蒸汽机车"方案设计大部分环节的想法	分享了"蒸汽机车"方案设计每个环节的想法
……			
☆加分项：鼓励完成具有独立性和创造性的作品			

反思与拓展

衡量蒸汽机车的优劣,主要看平稳性、承载能力和运行速度。如果发现自制蒸汽机车牵引力不足,先考虑蒸汽压力问题,从锅炉中的水量和供热源方面探究改进方法;如果蒸汽机车达到了预期目的不妨尝试利用同样的工作原理,将蒸汽机作为动力推进船舶运行。

参考资料

蒸汽机车从问世至今已有180多年的历史。它的发展包括两方面:一是牵引力和功率的发展,表现为动轮轴数和辅助轴数的增加,锅炉和汽缸的加大;二是热效率和机械效率的发展,表现为炉床面积和锅炉受热面积的增大,蒸汽压力和温度的提高,废热的利用和滚动轴承的采用等。

拓展思维

从跨学科角度谈谈蒸汽机车从问世至今两个发展方向的合理性。

表6-8 小组自测"三维"活动量规

维　度	相关同学活动
科学和工程实践:描述了科学家在研究和建构有关自然世界的模型及理论时的行为,以及工程师们在使用设计搭建的模型和系统时一系列关键的工程实践	
建立和使用模型 利用数学和计算思维	● 设计制作蒸汽机车模型,通过这些活动掌握蒸汽机车的机械结构及工作原理。 ● 通过测试、讨论,重新设计双向式蒸汽机车,以便能加大高压蒸汽推动活塞的力度,提高蒸汽机车的运力
学科核心概念:涉及物质科学、生命科学、地球与空间科学及工程设计四大领域	
具体学科知识组织中的关键概念 解决问题的关键工具	● 热能转化为机械能。 ● 利用双向汽缸系统把热能转化为机械能
跨学科概念:在所有学科领域中均可运用,其本身就表明和体现了在不同学科领域中统一的思维方式	

续表

维　度	相关同学活动
系统和系统模型 能量与物质	●根据蒸汽机车的性能特点调整设计，或改变锅炉结构，或用其他材料替代现有的材料，或采用新的热源等，以达到预期效果。 ●通过工程设计与改进技术，提高热能转化为机械能的效率

项目二　电力机车

——设计把电能转化为机械能的绿色动力机车

背景信息

韶山 4 型电力机车（SS4）是中国铁路使用的一种 6400 千瓦八轴货运电力机车，也是中国铁路第三代（无级调压、交—直流电传动）电力机车的首型机车，具有性能稳定、无噪音之优势。时至今日，该型机车还在一些地区使用，已经成为电力机车中的经典，如图 6-8 所示。

建议活动时间

为期 3 周，每周 2 课时。

图 6-8　韶山 4 型电力机车

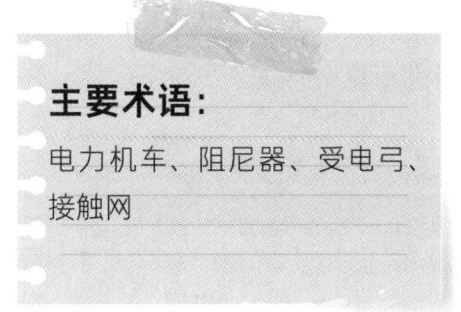

主要术语：

电力机车、阻尼器、受电弓、接触网

项目进度

第一课时	第二课时	第三课时	第四课时	第五课时	第六课时
项目介绍	研究问题	设计画图 架设供电网	制作电力机车模型	测试、优化	展示评价 科学报告

学习目标

科　学	数　学	技术/工程
理解电流、电压、闭合电路相关知识；了解电动机的工作原理、机械效率；乐于参与观察、实验、制作、调查等科学实践活动	测算自制电力机车的运行速度；测算自制电力机车正常运行中的承载质量	学习了解电力机车的机械结构；理解设计制造电力机车模型面临的制约因素；设计制造能从接触网中获取电力并正常行驶的电力机车模型；将科学技术应用于日常生活、社会实践

活动准备

◇项目学习单、草稿纸、笔、尺子。

◇自选普通可乐易拉罐（直径65mm、高160mm）、微型直流电机（型号JFF-130RH/SH）、玩具车的车轴和车轮、普通电线、细铁丝、5号电池等。

说明事项

◇四人以上小组分工协作。

◇架设、使用接触网时防止触电事故发生。

约束条件

◇电力机车只能从接触网中获取电力作为驱动能源；在第四单元（项目三"助力'一带一路'"）铺设好的铁路线上安装接触网。

作业难度分级

项　目	难度系数☆☆☆☆☆		难度系数☆☆☆☆		难度系数☆☆☆	
电力机车	牵引力	模型	牵引力	模型	牵引力	模型
	载10升水	仿真	载5升水	仿制	载1升水	模仿

项目引入

讨论：谈谈电力机车和蒸汽机车的异同。

挑战：设计制造从自制接触网获取电力作为驱动能源的微型电力机车。

＊自选项目：设计制造能遇险自主报警、刹车，从自制接触网获取电力作为驱动能源的微型电力机车。

确定需求

电力机车所需电能由电气化铁路供电系统的接触网供给，它是一种非自带能源的机车。因此，自制电力机车系统需要满足两个基本条件：一是具备可以持续提供电能的接触网；二是能从供电网获取电力作为驱动能源。

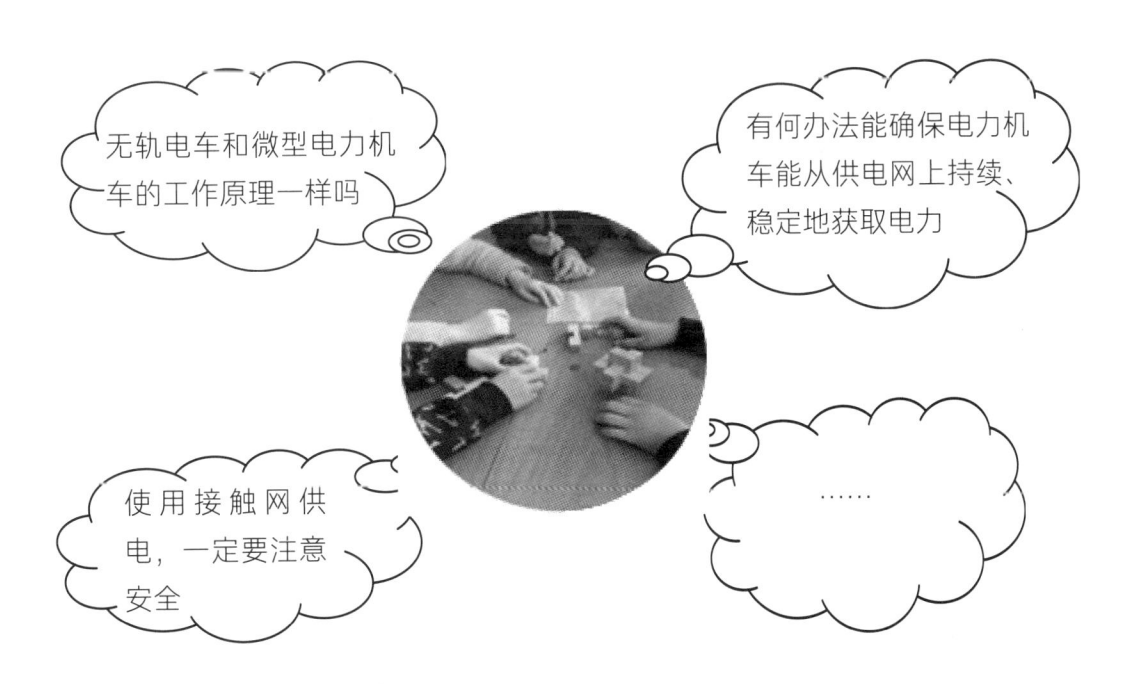

无轨电车和微型电力机车的工作原理一样吗

有何办法能确保电力机车能从供电网上持续、稳定地获取电力

使用接触网供电，一定要注意安全

……

> **参考资料**
>
> 在电气化铁路系统中,架空接触网一般只有一根接触导线,电力机车通过受电弓取电,再通过金属轮轨回流到电网中;而在无轨电车等使用胶轮的系统中,架空接触网有一正一负两根互相平行的接触导线,通过两根受电杆取电,并形成通路。

科学解释

你知道电力机车从哪里获取电力?试画出电路图。

问题聚焦

1. 实地考察。预约到火车站考察,采访电力机车的司机师傅,进一步了解电力机车的机械结构,画出电力机车工作原理图。

2. 收集资料。围绕"电力机车"关键词,通过互联网收集相关资料,观看《国内所有电力机车》网络视频,讨论用什么材料和方法架设接触网和制作电力机车。

3. 科学实践。探究电力机车安全平稳行进的科学方法(见表6-9)。

表6-9 科学实践活动设计

活动名称	活动目标	检测方案	知识概念
电力机车运行	优化受电弓的受电性能	●检测受电弓的受流质量建设规范的接触网,制作受电弓模型,与机车之间形成闭合电路,开启机车运行按钮,检测受电弓的工作状态	●一个简单的闭合电路由电源、用电器、接触导线和开关组成。 ●两种相同或不同材料相互摩擦产生的电压,称为摩擦电压。摩擦电压与材料、摩擦程度、环境的温度与湿度有关

4. 聚焦剖析。在测试、收集、分析以上科学实践数据的同时,认真研读参考资料,观察电力机车的接触导线、受电弓(见图6-9)和无轨电车(见图6-10)的取电方式,剖析电力机车的取电方式和供电系统的组成部分。

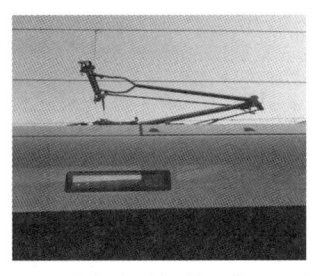

图6-9 电力机车的接触导线、受电弓　　图6-10 行进中的无轨电车

参考资料

受电弓是电力机车从接触网获取电力的设备，通常安装在机车车顶。受电弓由滑板、上框架、下臂杆、底架、升弓弹簧、传动气缸、支持绝缘子等部件组成。

> 我们可以尝试用玩具电动车内部的动力系统改装

> 架空电缆、集电装置是不容忽视的两项工程

> 微型电力机车供电系统用安全电压36V直流电

> ……

制订解决方案

在聚焦剖析和参与科学实践的活动中，通过对比电力机车和无轨电车的取电过程，弄清了电力机车需要通过标准规范的接触网和受电弓才能平稳运行。下面，进入工程设计实践环节（见表6-10）。

表 6-10　工程设计实践活动

活动名称	挑战目标	设计标准
挑战电力机车	保证电力机车在铁路上安全平稳运行	● 建设标准规范的接触网。 ● 电力机车从接触网获取电力作为驱动能源。 ● 有动力制动和应急制动系统,避免发生行车事故。 ● 使用等于或小于 36V 的安全电源(或蓄电池)。 ● 机车车身直径要求等于或大于可乐易拉罐的直径,牵引四节以上车厢。

在研读设计标准(见表 6-10)、观察玩具电动车及调研电力机车的基础上开展头脑风暴,把有价值的想法和形成的多个设计方案写在笔记本上。

> 直流电力机车采用直流供电,由于接触网的电压低,要求接触导线很粗。

> 电力机车采用的是混合动力,即在电力机车上额外配备有应急柴油发电机,以应付突发的断电状况。

> ……

● 方案设计

电力机车系统包括牵引供电和动力两大系统。设计方案要描述接触网建设和动力系统配置问题,画出清晰图样,对关键部分进行标注,整理材料清单。设计方案 1 为学生设计的范例(见表 6-11),供参考。

表 6-11　方案设计范例(摘要)

设计方案	描　述	结果预测
设计方案 1	为保障供电的顺畅性,本方案的接触网选择刚性悬挂,这是以硬质的金属条(通常是铜条)代替软质导线的新型悬挂方式;受电弓中间部分用弹簧连接;电力机车用旧玩具电动车改装而成	电力机车在供电稳定的基础上平稳运行

参考资料

电力机车的牵引供电系统主要包括牵引变电所和接触网两部分。牵引变电所设在铁道附近，将发电厂的电经高压输电线输送到架空电缆的接触网上。

科学解释

你们小组电力机车的电力来源于架空电缆、第三轨还是电池？

● 交流论证

设计方案应具有完整性、可行性，特别是对于细节问题的应对方案和应急措施，小组都要以审慎的态度去质疑、论证，对是否满足设计标准（技术参数）和约束条件进行评估，选择一个（或几个）解决方案进行建模和测试。

1. 设计思路：_____
2. 学科核心知识（或理念）：_____
3. 可行性（工作原理）：_____
4. 创新点：_____
5. 可能遇到的问题及解决方案：_____

参考资料

接触导线与机车顶部受电弓接触，通过滑动摩擦向机车送电，其走向不是直线，而是呈"之"字形。

科学解释

从以上提供的参考资料的内容得知，接触导线呈"之"字形。请同学们解释其中的道理。

制作电力机车模型

1. 制作电力机车模型。应用电学和工程设计方面的知识和经验，表述设计观点，完成方案设计之后，开始架设规范的接触网，制作电力机车模型。图 6-11 是电力机车工作模型，供参考。

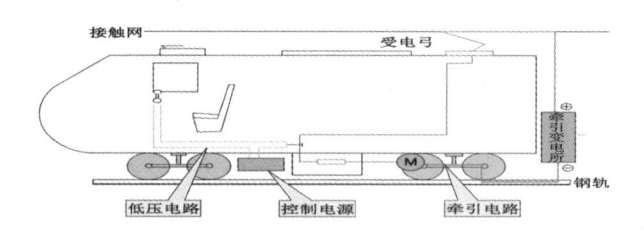

图6-11 电力机车工作模型

工作原理：牵引变电所将电输送到架空接触网，经过机车的受电弓（受电弓只有一根导线）等设备，为电力机车提供牵引电力和低压电力。电通过牵引电路连通车轮，再经过钢轨回流到牵引变电所，完成回路（见图6-11）。

2.记录数据。电力机车从架空接触网获取电力作为驱动能源。选择科学、可靠的架空电缆悬挂法是保证电力机车高速、平稳运行之关键。你们小组采用的是简单悬挂法、链形悬挂法还是刚性悬挂法？制作电力机车模型用到了哪些工具和材料？请翔实填入表6-12中。

表6-12 材料使用（更换）情况记录表

记录材料使用数据	
工具、材料更换理由	
方案修改依据	
材料和成本清单	
结果满意度	

测试、优化

制作完成电力机车模型后。首先，对接触网电路是否畅通安全、电力机车模型与轨道是否契合进行检测；其次，启动电力机车，在已架设好接触网的铁路上行驶，以检验电力机车启动和停车的平稳性、承载能力及运行速度等；最后，记录员随时记录测试数据，标注各环节出现的问题，为整体优化提供依据，数据填入表6-13中。

表 6-13 数据采集、问题诊断表

记录测试数据	发现新问题

● 科学判断

电力机车依赖电气化铁路，电网电轨设施存在一定的安全隐患。但有人认为，如今发达的科技、人性化的设计，不会使闯入铁道或爬上车顶的人触电。你认为是这样的吗？说说你们小组在整个项目活动中，是如何做到安全用电的。

展示与评价

电力机车模型经测试获得成功后，每个小组对作品结构特征进行展示（见表 6-14），参照"电力机车"项目评价量规（见表 6-15）和小组自测"三维"活动量规（见表 6-16），分享最终成果，鼓励具有个性特点的作品。

表 6-14 小组作品结构设计及特征

组别	结构设计	功能	特点	造价	备注
A	电力机车主要由架空接触网和列车运行系统组成	执行遥控指令，可完成启动、前进、刹车动作；具有较好的承载能力	列车运行平稳，承载能力强；无避障报警功能；安全系数较高	210元	废物利用
B	电力机车主要由架空接触网和列车运行系统及报警系统（超声波传感器和蜂鸣器）组成	执行遥控指令，可完成启动、前进、刹车、停靠动作；具有较好的承载能力	列车运行平稳，承载能力强；有遇到障碍自主报警功能；安全系数高	2100元	中鸣机器组件和废物利用相结合

续表

组 别	结构设计	功 能	特 点	造 价	备 注
C	……				

甲：架空接触网和制作集电装置是实施本项目的难点_____。

乙：玩具电动车改装是不错的想法_____。

A 小组：C 小组不同凡响的创意_____。

…………

表 6-15 "电力机车"项目评价量规

项目内容	有待改进（3分）	优秀（4分）	最佳（5分）
阐述工程问题	未使用工程学术语阐述工程问题	使用工程学术语阐述了部分工程问题	使用工程学术语详细阐明了工程问题，完成综述
设计图	没有按比例绘图，设计图做了部分标注	按比例绘图，设计图做了部分标注	按比例绘图，设计图的所有部分均做了标注，材料单完整
解决方案	解决方案中没有阐述电能转化为机械能的工作原理	解决方案中阐述了电能转化为机械能的工作原理	解决方案中用图示法详细阐述了电能转化为机械能的工作原理
获取信息的能力	没有从收集的资料中提取有效信息	从收集的资料中提取了一些有效信息	通过收集资料获得有价值的信息，解释并帮助完成任务
科学报告	科学报告语言表达较为清晰、用词较为规范	科学报告语言合乎逻辑、表达清晰、用词较为规范	科学报告语言合乎逻辑、表达清晰、用词规范、通俗易懂
科学原理	方案设计或展示过程中没有运用科学原理	方案设计或展示过程中部分运用科学原理	方案设计或展示过程中精准运用科学原理
分享交流	分享了"电力机车"方案设计部分环节的想法	分享了"电力机车"方案设计大部分环节的想法	分享了"电力机车"方案设计每个环节的想法
……			
☆加分项：鼓励完成具有独立性和创造性的作品			

反思与拓展

电力机车的基本特征是从沿线轨道供电系统获取驱动能源。小组设计制作的电力机车的受电弓有没有脱电现象发生？是否难以控制速度？是否走走停停？为什么？说说改进措施。电力机车架空接触网如图 6-12 所示。

图6-12 电力机车架空接触网

参考资料

动车组起源于机车重联，主要用于解决客运列车加速度不足、最高速度受限等问题，驱动装置分别安放在多节载客车厢内部，使各车厢成为动车，而火车头只需发号施令，无须出力。

拓展思维

俗话说"火车跑得快，全凭车头带"。你认为这句话适用于电力动车组吗？尝试换个朗朗上口的说法。

表 6-16 小组自测"三维"活动量规

维　度	相关同学活动
科学和工程实践：描述了科学家在研究和建构有关自然世界的模型及理论时的行为，以及工程师们在使用设计搭建的模型和系统时一系列关键的工程实践	
建立和使用模型 利用数学和计算思维	●设计制作能从接触网获取电力作为能源驱动的微型电力机车。 ●通过观察、测试，重新设计电力机车，以便能使其运行更加平稳、承载能力更高
学科核心概念：涉及物质科学、生命科学、地球与空间科学及工程设计四大领域	
具体学科知识组织中的关键概念 解决问题的关键工具	●电能转化为机械能。 ●电力机车运行平稳与受电弓受电能力有直接关系，架空电缆采用刚性悬挂法以提高摩擦电压
跨学科概念：在所有学科领域中均可运用，其本身就表明和体现了在不同学科领域中统一的思维方式	
模式 原因与结果	●使用电力机车模型预测。 ●观察电力机车的结构及工作原理，确定电力机车具有性能稳定、无噪音和爬坡能力强等优势

项目三 空中列车

——设计适用于中小城市的悬挂式单轨交通系统

背景信息

空轨即空中轨道列车,是悬挂式单轨列车,又称空中列车(见图6-13)。空中列车的轨道在列车上方,由钢铁或水泥立柱支撑在空中,列车以悬挂的方式运行。与地铁、轻轨、有轨电车等轨道交通相比,具有占地少、视野开阔、建设周期短、编组灵活等优势。

建议活动时间

为期3周,每周2课时。

图6-13 空中列车

主要术语:
空轨、轨道梁、立柱、摇摆幅度、顺畅性

项目进度

第一课时	第二课时	第三课时	第四课时	第五课时	第六课时
项目介绍	研究问题	设计画图 架设轨道梁	改装空中列车模型	测试、优化	展示评价 反思拓展

学习目标

科　学	数　学	技术／工程
·理解物体二力平衡原理；学习运用电路相关知识；了解空轨运行工作原理	测算桩基间距、空轨正常行进速度和承载质量	理解建设空轨工程问题面临的约束条件；通过工程设计解决空轨在架设轨道梁中能正常行驶的实际问题；学习运用遥感技术以控制列车制动系统

活动准备

◇项目学习单、草稿纸、笔、尺子。

◇自选混凝土、轨道梁、微型直流电机（型号 JFF-130RH/SH）、普通可乐易拉罐 5 号电池、普通电线、玩具车车轴、橡胶钢轮、细铁丝等。

说明事项

◇四人以上小组分工协作。

◇在架设轨道梁和改装小车时，防止被尖锐物刺伤。

约束条件

◇轨道梁长度达 10m 以上，高度自定；钢结构支柱间距 0.72m。

作业难度分级

项　目	难度系数☆☆☆☆☆		难度系数☆☆☆☆		难度系数☆☆☆	
空中列车	列车制动	牵引力	列车制动	牵引力	列车制动	牵引力
	智能编程	载 10 升水	遥控开关	载 5 升水	手动开关	载 1 升水

项目引入

讨论：谈谈微型空中列车的安全性和建设成本等问题。

挑战：设计制造微型空中列车运行系统。

＊自选项目：设计制造能自主运行的微型空中列车。

确定需求

空中列车车体悬挂于轨道梁下方，轨道由钢结构或水泥立柱支撑在空中。自制空轨系统需要解决两个关键问题：（1）设计制作安装拆卸方便的钢结构立柱和轨道梁；（2）制作或改装以电力为动力的空中列车模型。

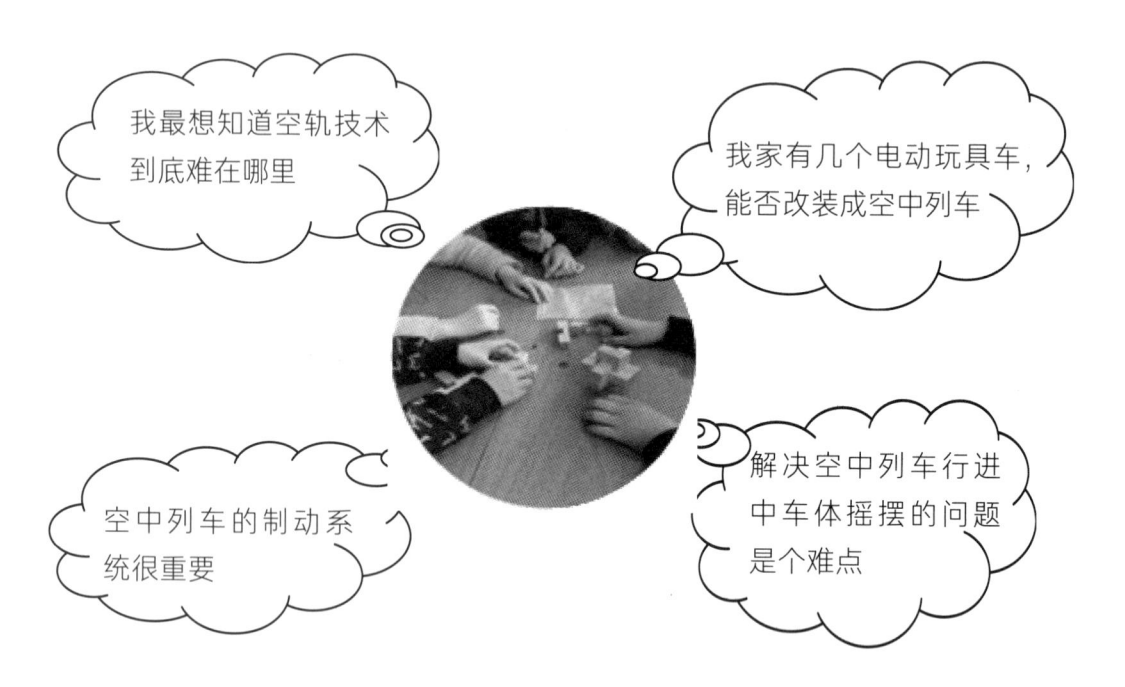

> 我最想知道空轨技术到底难在哪里

> 我家有几个电动玩具车，能否改装成空中列车

> 空中列车的制动系统很重要

> 解决空中列车行进中车体摇摆的问题是个难点

问题聚焦

1.实地考察。利用空闲时间到预设空中列车建设现场，了解地质情况及运行环境，规划空中列车运行路线图及配置。

2.收集资料。通过网络收集空中列车的相关资料，观看CCTV-10科教频道《时尚科技秀》的透明空轨视频，讨论如何建设钢结构立柱和轨道梁。

3.科学实践。小组成员合作探究钢结构立柱承受的压力、空中列车运力和输电系统的构成及列车安全平稳运行的科学方法（见表6-17）。

表 6-17 科学实践活动设计

活动名称	活动目标	检测方案	知识概念
承载实验	优化钢结构立柱、轨道梁设计方案	●立柱承载检测 完成地面混凝土浇筑和钢结构立柱建设作业，在钢结构立柱安装轨道梁的位置悬挂方案设计中的负载，观察稳定性。 ●轨道梁实验 在模拟列车上部装好钢轮，插入轨道梁，观察列车行进时的摇摆幅度和顺畅度	●如果一个物体在两个力的作用下处于平衡状态，那么这两个力是相互平衡的，简称二力平衡。 ●一个物体在另一个物体表面滑动时，接触面之间会产生阻碍它们相对运动的力，称为滑动摩擦力。滑动摩擦力的大小与接触面的粗糙程度和压力大小有关。物体接触面越粗糙，压力越大，产生的滑动摩擦力就越大

4.聚焦剖析。建设绿色环保、方便快捷的城市交通系统是本项目的目标。同学们要积极参与科学实践活动，对数据进行分析，认真研读参考资料，观察空轨轨道（见图6-14）、空中列车截面图（见图6-15）。剖析轨道梁结构与承载力的关系，用专业术语描述空中列车的建设步骤。

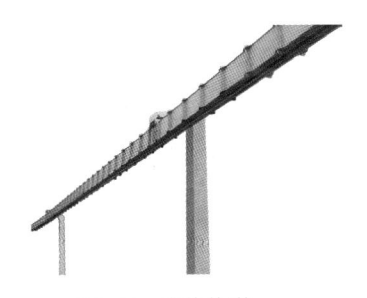

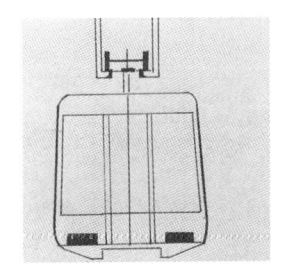

图6-14 空轨轨道　　图6-15 空中列车截面图

参考资料

空中列车的基建工程简单，主要是因为包括轨道梁、钢结构立柱等空轨所需要的部件都可以在工厂车间按设计图纸预制完成，现场施工仅需在地下打孔，插入钢结构立柱，植入混凝土基础即可。

> 钢结构立柱、轨道梁的承载力需要反复测试

> 每组车厢最少要配备两组悬挂装置，才能确保其平稳运行

> 空中列车实现智能编程控制，需用到超声波、光电传感器等

> ……

制订解决方案

通过完成上述科学实践活动（见表6-17）和聚焦剖析，同学们理解了空中列车的机构及运行原理。下面，进入工程设计实践环节（见表6-18）。

表6-18　工程设计实践活动

活动名称	挑战目标	设计标准
挑战空中列车	保证空中列车在轨道上安全平稳运行	●使用等于或小于36V的安全电源。 ●使用遥控技术控制空中列车运行，有完善的动力制动和应急制动系统，避免发生行车事故。 ●列车运行中，横向摆动幅度不得大于6.5°。 ●为保证列车安全进站，站台边缘与车辆间保留20mm空隙；站台边缘设置宽30mm的踏板，平时竖立，列车进站后放下；在站台踏板下设置锁定装置，用以锚固停稳后的空中列车。 ●机车车身直径要求等于或大于可乐易拉罐的直径，牵引四节以上车厢

借鉴蒸汽机车和电力机车的制作经验，逐项研读设计标准（见表6-18），开展头脑风暴，提出一个或多个新型设计方案，写在笔记本上。

> 从空中列车截面图可以看出，轨道较窄，而车体较宽，这种结构在列车转弯时容易产生横向摇摆，这个问题应该怎么解决？

> 空中列车的轨道建在空中，靠下面的钢结构立柱或水泥立柱来支撑，这就决定了其承载量是有限的。

> ……

● 方案设计

如果空中列车编组节数多，会对起支撑作用的钢结构立柱形成过大压力，因此空中列车往往运力有限。小组成员要在设计方案中描述运行轨道安装、列车与轨道连接及轨道承载参数等问题，画出清晰图样，对关键部分进行标注，并整理材料清单（见表6-19）。

表6-19 方案设计范例（摘要）

设计方案	描述	结果预测
设计方案1	本方案运用了逆向思维：把旧的玩具公交车底朝天改装成空中列车。重点是旧玩具公交车的车轮须换成橡胶钢轮，或在原有车轮的基础上，制作合适的轨道梁	制作快捷、运行平稳、安全可靠

参考资料

基于前期修建桥墩和架桥的经验，建造空中轨道应该比较容易一些，只是空中轨道和所有的输电线、通信线要全部封闭在轨道梁内。列车平稳运行和安全技术保障等则需要重点研究。

科学解释

针对空中列车的外观和安全性，说说你们小组的设想。

● 交流论证

空中列车是新型城市交通工具，属于新生事物。基于此，空中列车建设方案论证需要慎之又慎，特别注意已有方案的细节和技术参数，注重测试环节，对每个方案是否满足设计标准和约束条件（技术参数）进行反复交流论证，选出多个优秀方案进行评判和建模。

1. 设计思路：_____
2. 学科核心知识（或理念）：_____
3. 可行性（工作原理）：_____
4. 创新点：_____
5. 可能遇到的问题及解决方案：_____

参考资料

空中列车建设优势十分明显，表现在建设成本低，占地面积小，转弯半径小，爬坡能力强，无噪声；立柱、轨道梁可拆卸，能重复利用；在运行过程中，走行轮和导向轮始终在箱形轨道梁内部，支持全天候、无障碍安全运营。

科学解释

仔细研读以上内容，从中提取有价值的信息，对照已有方案逐项改进完善，使自制空轨系统的各项性能指标更趋于真实。

制作空中列车模型

1. 制作空中列车模型。参照城市道路规划方案，对空中列车的基础设施建设、轨道安全、输电线路、运营承载等进行全面评估、论证，一丝不苟地制作模型。图 6-16、图 6-17 显示的是钢结构立柱、轨道和钢轮，供参考。

图6-16 钢结构立柱　　　　　　　　图6-17 轨道和钢轮

2.记录数据。空轨系统建设步骤：（1）完成实地勘测、设计、桩基预埋等工作；（2）制作、安装钢结构立柱（见图6-16）；（3）将轨道梁悬挂固定在钢结构立柱上；（4）将空中列车模型的橡胶钢轮安放于封闭的钢制轨道梁中，使之平滑不产生噪声；（5）完善空中列车模型的供电、制动设施；（6）布置站台，粘贴安全标识等。

在兼顾钢结构立柱稳定性的同时，确保其垂直于地面；总装轨道梁内部输电线路，防止短路现象发生，及时记录相关数据和材料使用情况（见表6-20）。

表6-20　材料使用（更换）情况记录表

记录材料使用数据	
工具、材料更换理由	
方案修改依据	
材料和成本清单	
结果满意度	

测试、优化

空中列车模型制作完成后，将橡胶钢轮等装置安装在已架设好的轨道梁中，测试是否可以平滑地完成启动、停车，是否具有低振动、低噪音、高平稳性和良好的承载性能，以及其横向摆动幅度。记录员随时记录测试数据，标注各环节出现的问题（见表6-21）。

表6-21　数据采集、问题诊断表

记录测试数据	发现新问题

● 科学判断

"安全第一，生命至上"。空中列车转向架包裹在下端开口轨道梁内，与传统的轨道交通相比，其不会发生脱轨现象。转向架与车体中间还设置了安全钢索，如出现意外，钢索能起到保护作用，牢牢抓住车体，确保其不会坠落。请各小组判断方案设计采取的安全措施能否达到预期目标。

展示与评价

空中列车经测试获得成功。下面，每小组要对作品结构特点及造价（见表6-22）等进行说明，并参照"空中列车"项目评价量规（见表6-23）和小组自测"三维"活动量规（见表6-24），与师生分享最终成果，并对个人或小组的表现做出评价。

表6-22 小组作品结构设计及特征

组 别	结构设计	功 能	特 点	造 价	备 注
A	空轨系统由基建部分（预制混凝土立柱、轨道梁）和列车运行部分（动力系统、供电系统、车体）等组成	执行遥控指令，可完成前进、停靠动作；具有较强的爬坡能力和运载能力	质量轻、速度快；无自主避障功能；车体行进间有横向摆动现象	130元	自购材料和废物利用相结合
B	空轨系统由基建部分（钢结构立柱、轨道梁）和列车运行部分（动力系统、供电系统、报警系统、车体）等组成	执行遥控指令，可完成前进、停靠动作；配有超声波预警装置；爬坡能力较强	运行平稳；遇到障碍自动报警；车头有阻尼缓冲垫；车体行进间横向摆动幅度小	1600元	自购材料和废物利用相结合
C	……				

甲：架设轨道梁是实施本项目的难点_____。

乙：轨道梁、支柱都可以预制_____。

A小组：我们的创意_____。

…………

表 6-23 "空中列车"项目评价量规

项目内容	有待改进（3分）	优秀（4分）	最佳（5分）
阐述工程问题	没有使用工程学术语阐述工程问题	使用工程学术语阐述了部分工程问题	使用工程学术语详细阐明了工程问题，完成综述
解决方案	解决方案中没有阐述空中列车悬挂运行的工作原理	解决方案中阐述了空中列车悬挂运行的工作原理	解决方案中详尽阐述了空中列车悬挂运行的工作原理，并附图说明
获取信息的能力	没有从收集的资料中提取有效信息	从收集的资料中提取了部分有效信息	通过收集资料获得有价值的信息，解释并帮助完成任务
设计图	没有按比例绘图，设计图做了部分标注	按比例绘图，设计图做了部分标注	按比例绘图，设计图所有部分均做了标注，材料单完整
科学报告	科学报告语言表达较为清晰、用词较为规范	科学报告语言合乎逻辑、表达清晰、用词较为规范	科学报告语言合乎逻辑、表达清晰、用词规范、简明扼要
科学原理	方案设计或展示过程中没有运用科学原理	方案设计或展示过程中部分运用科学原理	方案设计或展示过程中精准运用科学原理
分享交流	分享了"空中列车"方案设计部分环节的想法	分享了"空中列车"方案设计大部分环节的想法	分享了"空中列车"方案设计每个环节的想法
……			
☆加分项：鼓励完成具有独立性和创造性的作品			

反思与拓展

空中列车的安全运行需要稳定的钢结构立柱、结实的架梁、平滑的轨道梁、平缓的启动和刹车系统做保障。小组设计制作的空中列车哪方面不理想？哪方面和预期效果的差距很大？有无脱轨现象发生？行驶时列车摇摆幅度是否在设计标准的要求范围之内？为什么？如何改进？

参考资料

空中列车是经济适用、安全舒适、环保整洁的交通工具之一，可以从根本上改变城市的空气污染和交通拥堵问题，有着非常广阔的应用前景。

拓展思维

空中列车具有良好的应用前景，那有没有比空中列车更便捷、更绿色的交通工具呢？

表 6-24 小组自测"三维"活动量规

维　度	相关同学活动
科学和工程实践：描述了科学家在研究和建构有关自然世界的模型及理论时的行为，以及工程师们在使用设计搭建的模型和系统时一系列关键的工程实践	
提出问题和明确需解决的难题 分析和解释数据	● 钢结构立柱支撑着列车和滑道及乘客的所有负载，其稳定性直接影响着空中列车的运力。 ● 钢结构立柱浇筑完成后要进行多次负载测试，分析数据得出其运力
学科核心概念：涉及物质科学、生命科学、地球与空间科学及工程设计四大领域	
具体学科知识组织中的关键概念 结构和功能	● 电能转化为动能（机械能）。 ● 通过设计制作空中列车，帮助同学们了解空中列车的运行原理及电学知识
跨学科概念：在所有学科领域中均可运用，其本身就表明和体现了在不同学科领域中统一的思维方式	
模型 原因和结果	● 预测运营效果。 ● 了解空中列车具有占地少、视野开阔、无污染之优势

致　谢

　　"文章合为时而著,诗歌合为事而作"。正值庆祝中国共产党成立100周年之际,一本浓缩了中国改革开放40多年来的伟大成就,充满了浓浓家国情怀和对社会主义建设的无限热爱,凝聚了笔者和众多专家、学者心血和汗水的《中国超级工程——STEAM经典案例》破土而出,或将填补国内以工程设计过程为主导的土生土长的STEAM课程开发的空白。

　　这里要真诚地感谢教育部基础教育教学指导委员会张卓玉副主任（原山西省教育厅正厅督学）、教育部基础教育课程教材发展中心教学处处长莫景祺博士、东南大学学习科学研究中心副主任柏毅教授、北京师范大学教育学部教育技术学院副院长董艳教授等在百忙中给予了大力支持并提出宝贵意见或建议。同时,感谢晋中市中小学的诸多师生、家长参与其中的项目学习和实践过程；感谢电子工业出版社STEAM项目总监张彦中、肖雪编辑为本书出版付出的努力。

　　由于STEAM教育的目标是多方面、多层次、跨领域的,课程的开发与实践与单一学科的课程相比困难很多,加之笔者的学识和能力有限,书中不免会出现不足之处,还望热爱STEAM教育的仁人志士能提出中肯的建议,以便进一步完善。